郁賢皓 著

唐刺史考全編

（增訂本）

6

索引

鳳凰出版社

説　明

　　一、本索引分《州（郡、府）名索引》和《刺史姓名索引》，皆以音序排列。

　　二、州（郡、府）名和刺史姓名首字相同者，以第二字排序，以下類推。

　　三、索引碼分別表示州（郡、府）和刺史所在的册次、卷次和頁碼。

　　四、本書最後一編作爲附編，州（郡、府）不列卷次，索引與册次後標“附”字。

　　五、由於州（郡、府）名變動較大，異名較多，爲避免輾轉查稽之苦，本索引州（郡、府）名的參見條不僅列出某州，同時列出其州（郡、府）的册次、卷次和頁碼。

州（郡、府）名索引

愛

愛州（九真郡）
　　5/314/3248

安

安北（燕然、瀚海、鎮北）大都護
　府
　　1/26/386

安邊郡　見蔚州
　　2/92/1286

安城郡　見賓州
　　5/284/3163

安定郡　見涇州
　　1/13/262

安東都督府　見安東都護府
　　3/122/1592

安東都護府（安東都督府）
　　3/122/1592

安化郡　見慶州
　　1/12/253

安康郡　見金州
　　4/203/2655

安樂郡　見巖州
　　5/308/3224

安陸郡　見安州
　　3/135/1762

安南都護府（交州、鎮南都護府）
　　5/310/3227

安西大都護府（鎮西都護府）
　　1/46/502

安鄉郡　見河州
　　1/33/434

安岳郡　見普州
　　5/231/2940

安州（安陸郡）
　　3/135/1762

安州　見東武州
　　5/附/3338

巴

巴川郡　見合州
　　4/218/2796

巴東郡　見歸州
　　4/199/2623

巴陵郡　見岳州
　　4/165/2310

巴西郡　見綿州
　　5/227/2892

巴州　見岳州
　　4/165/2310

巴州（清化郡）
　　4/214/2766

霸

霸州（靜戎郡）
　　5/附/3363

白

白州（南州、南昌郡）
　　5/302/3217

褒

褒州　見梁州
　　4/205/2685

保

保定郡　見涇州
　　1/13/262
保州　見奉州
　　5/256/3038

北

北海郡　見青州
　　2/76/1040
北平郡　見平州
　　3/120/1577
北庭都護府（庭州）
　　1/47/513
北燕州　見嬀州
　　3/117/1564

貝

貝州（清河郡）
　　3/102/1381

壁

壁州（始寧郡）

4/212/2757

汴

汴州（陳留郡）
　　2/55/711

辯

辯州（南石州、陵水郡）
　　5/301/3216

邠

邠州（豳州、新平郡）
　　1/6/168

賓

賓州（安城郡、嶺方郡）
　　5/284/3163

豳

豳州　見邠州
　　1/6/168

并

并州（上）　見太原府上
　　2/89/1234
并州（下）　見太原府下
　　2/90/1254

播

播川郡　見播州

4/183/2470

播州（郎州、播川郡）

4/183/2470

亳

亳州（譙郡）

2/63/870

博

博陵郡　見定州

3/112/1496

博平郡　見博州

3/99/1346

博州（博平郡）

3/99/1346

獙

獙州　見南州

4/186/2474

蔡

蔡州　見豫州

2/61/842

蒼

蒼梧郡　見梧州

5/278/3155

滄

滄州（景城郡）

3/109/1462

曹

曹州（濟陰郡）

2/68/956

昌

昌化郡　見儋州

5/325/3264

昌化郡　見石州

2/95/1304

昌　州

5/附/3364

長

長樂郡　見福州

3/151/2076

長沙郡　見潭州

4/166/2322

長　州

5/附/3281

長州（文陽郡）

5/316/3252

常

常樂郡　見巖州

5/308/3224

常林郡　見繡州

5/286/3166

常山郡　見恒州
　　　3/106/1430

常州(晉陵郡)
　　　3/138/1810

潮

潮陽郡　見潮州
　　　5/260/3086

潮州(潮陽郡)
　　　5/260/3086

郴

郴州(桂陽郡)
　　　4/168/2361

辰

辰州(盧溪郡)
　　　4/178/2456

陳

陳留郡　見汴州
　　　2/55/711

陳州(淮陽郡)
　　　2/60/827

成

成都府　見益州
　　　5/222/2823

成州(同谷郡)

1/28/409

承

承化郡　見峯州
　　　5/318/3255

澄

澄州(南方州、賀水郡)
　　　5/285/3164

池

池　州
　　　5/附/3348

滁

滁州(永陽郡)
　　　3/125/1646

楚

楚州(淮陰郡)
　　　3/124/1630

處

處州　見括州
　　　3/149/2053

春

春州(南陵郡)
　　　5/269/3113

淳

淳州（永定郡、巒州）
　　5/297/3197

慈

慈州（汾州、南汾州、文城郡）
　　2/82/1152

磁

磁州（惠州）
　　5/附/3322

大

大寧郡　見隰州
　　2/83/1159

代

代州（雁門郡）
　　2/91/1273

戴

戴州（金州）
　　5/附/3310

丹

丹陽郡　見潤州
　　3/137/1783

丹州（咸寧郡）

　　1/9/228

單

單于大都護府
　　1/25/372

儋

儋州（昌化郡）
　　5/325/3264

當

當州（江源郡）
　　5/251/3033

黨

黨州（寧仁郡）
　　5/292/3190

宕

宕州（懷道郡）
　　1/38/450

道

道州（營州、南營州、江華郡）
　　4/170/2380

德

德陽郡　見漢州
　　5/223/2861

9

德州　見驪州
　　　5/317/3253

德州（平原郡）
　　　3/110/1477

登

登州（東牟郡）
　　　2/78/1067

鄧

鄧州（南陽郡）
　　　4/190/2511

棣

棣州（樂安郡）
　　　3/111/1488

疊

疊州（合川郡）
　　　1/37/447

鼎

鼎　州
　　　5/附/3275
　　　5/附/3278

定

定川郡　見牢州

　　　5/303/3218

定襄郡　見忻州
　　　2/93/1294

定州（博陵郡）
　　　3/112/1496

東

東都（洛陽宮、神都、東京）
　　　1/48/525

東峨州　見禹州
　　　5/305/3221

東海郡　見海州
　　　2/72/1002

東合州　見雷州
　　　5/321/3258

東衡州　見韶州
　　　5/258/3074

東嘉州　見溫州
　　　3/150/2068

東京　見東都
　　　1/48/525

東萊郡　見萊州
　　　2/77/1060

東牟郡　見登州
　　　2/78/1067

東平郡　見鄆州
　　　2/66/923

東武州（安州、武州）
　　　5/附/3338

東夏州
　　5/附/3280

東鹽州
　　5/附/3325

東陽郡　見婺州
　　3/145/1986

寶

寶州(南扶州、懷德郡)
　　5/273/3123

端

端州(高要郡)
　　5/263/3096

燉

燉煌郡　見沙州
　　1/43/485

鄂

鄂州(江夏郡)
　　4/164/2291

恩

恩平郡　見恩州
　　5/268/3110

恩州(恩平郡)
　　5/268/3110

番

番州　見韶州
　　5/258/3074

范

范陽郡　見幽州
　　3/116/1538

坊

坊州(中部郡)
　　1/8/215

芳

芳　州
　　5/附/3285

房

房陵郡　見房州
　　4/197/2607

房州(房陵郡)
　　4/197/2607

費

費州(涪川郡)
　　4/181/2466

汾

汾州(浩州、西河郡)

2/84/1168

汾州　見慈州
　　　2/82/1152

封

封州（臨封郡）
　　　5/266/3106

峰

峰州（承化郡）
　　　5/318/3255

豐

豐州　見泉州
　　　3/153/2111

豐州（九原郡）
　　　1/22/353

馮

馮翊郡　見同州
　　　1/4/102

奉

奉州（雲山郡、天保郡、保州）
　　　5/256/3038

鳳

鳳翔府　見岐州
　　　1/5/137

鳳州（河池郡）
　　　4/206/2712

鄜

鄜州（洛交郡）
　　　1/7/193

扶

扶風郡　見岐州
　　　1/5/137

扶南郡　見籠州
　　　5/322/3260

扶州（同昌郡）
　　　5/249/3027

符

符陽郡　見集州
　　　4/213/2761

涪

涪川郡　見費州
　　　4/181/2466

涪陵郡　見涪州
　　　4/221/2814

涪州（涪陵郡）
　　　4/221/2814

福

福禄郡　見唐林州

5/315/3251

福禄州　見唐林州
　　5/315/3251

福州(泉州、閩州、長樂郡)
　　3/151/2076

撫

撫州(臨川郡)
　　4/160/2232

復

復州(竟陵郡)
　　4/194/2556

富

富水郡　見郢州
　　4/193/2546

富州(靜州、開江郡)
　　5/277/3153

甘

甘州(張掖郡)
　　1/40/470

感

感義郡　見藤州
　　5/271/3118

岡

岡州(義寧郡)

5/261/3091

高

高涼郡　見高州
　　5/270/3115

高密郡　見密州
　　2/71/996

高平郡　見澤州
　　2/87/1214

高要郡　見端州
　　5/263/3096

高州(高涼郡)
　　5/270/3115

恭

恭化郡　見恭州
　　5/254/3036

恭州(恭化郡)
　　5/254/3036

龔

龔州(臨江郡)
　　5/280/3159

古

古州(樂古郡)
　　5/309/3226

谷

谷　州

5/附/3332

穀

穀　州
　　5/附/3286

瓜

瓜州　見沙州
　　1/43/485
瓜州（晉昌郡）
　　1/42/479

觀

觀　州
　　5/附/3325

管

管　州
　　5/附/3298

光

光州（弋陽郡）
　　3/132/1737

廣

廣陵郡　見揚州
　　3/123/1599
廣平郡　見洺州
　　3/104/1407

廣州（南海郡）
　　5/257/3041

嶲

嶲州（越嶲郡）
　　5/246/3014

嬀

嬀川郡　見嬀州
　　3/117/1564
嬀州（北燕州、嬀川郡）
　　3/117/1564

歸

歸誠郡　見悉州
　　5/252/3034
歸德郡　見燕州
　　3/122/1595
歸州（巴東郡）
　　4/199/2623

桂

桂陽郡　見郴州
　　4/168/2361
桂州（始安郡、建陵郡）
　　5/275/3126

貴

貴州（南尹州、懷澤郡）

5/291/3188

袞

袞州　見揚州
3/123/1599

袞州（魯郡）
2/69/969

虢

虢州（弘農郡）
2/58/782

果

果州（南充郡）
4/217/2787

海

海豐郡　見循州
5/259/3082

海康郡　見雷州
4/321/3258

海州（東海郡）
2/72/1002

邗

邗州　見揚州
3/123/1599

韓

韓　州

5/附/3317

漢

漢東郡　見隋州
4/192/2536

漢陽郡　見沔州
3/136/1775

漢陰郡　見金州
4/203/2655

漢中郡　見梁州
4/205/2685

漢州（德陽郡）
5/223/2861

瀚

瀚海大都護府　見安北大都護府
1/26/386

杭

杭州（餘杭郡）
3/141/1897

豪

豪州　見濠州
3/127/1671

濠

濠州（豪州、鍾離郡）
3/127/1671

浩

浩　州
　　2/84/1168

浩州　見汾州
　　2/84/1168

合

合川郡　見疊州
　　1/37/447

合浦郡　見廉州
　　5/320/3257

合州（巴川郡）
　　4/218/2796

和

和義郡　見榮州
　　5/234/2958

和政郡　見岷州
　　1/35/440

和州（歷陽郡）
　　3/126/1657

河

河池郡　見鳳州
　　4/206/2712

河東郡　見蒲州
　　2/79/1075

河間郡　見瀛州
　　3/114/1525

河南府（洛州）上
　　1/49/558

河南府（洛州）下
　　1/50/586

河內郡　見懷州
　　1/52/637

河中府　見蒲州
　　2/79/1075

河州（安鄉郡）
　　1/33/434

賀

賀水郡　見澄州
　　5/285/3164

賀州（臨賀郡）
　　5/262/3092

鶴

鶴州　見業州
　　4/188/2478

恒

恒州（常山郡、鎮州）
　　3/106/1430

横

横山郡　見田州
　　5/294/3193

横州（簡州、南簡州、寧浦郡）
　　5/293/3191

衡

衡陽郡　見衡州
　　4/167/2347
衡州（衡陽郡）
　　4/167/2347

弘

弘農郡　見虢州
　　2/58/782
弘　州
　　5/附/3279

洪

洪源郡　見黎州
　　5/239/2992
洪州（豫章郡）
　　4/157/2167

湖

湖州（吳興郡）
　　3/140/1868

滑

滑州（靈昌郡）
　　2/56/760

華

華陰郡　見華州

　　1/3/67
華州（太州、華陰郡）
　　1/3/67

淮

淮安郡　見唐州
　　4/191/2526
淮陽郡　見陳州
　　2/60/827
淮陰郡　見楚州
　　3/124/1630

懷

懷道郡　見宕州
　　1/38/450
懷德郡　見寶州
　　5/273/3123
懷德郡　見宥州
　　1/23/363
懷澤郡　見貴州
　　5/291/3188
懷州（河內郡）
　　1/52/637

驩

驩州（南德州、德州、日南郡）
　　5/317/3253

環

環州（正平郡）

5/323/3261

黃

黃州（齊安郡）
　　3/134/1754

惠

惠州　見磁州
　　5/附/3322

會

會稽郡　見越州
　　3/142/1923

會寧郡　見會州
　　1/20/346

會州（會寧郡）
　　1/20/346

會州　見茂州
　　5/241/3000

箕

箕州　見儀州
　　2/88/1229

吉

吉州（廬陵郡）
　　4/162/2258

汲

汲郡　見衛州

3/101/1370

集

集州（符陽郡）
　　4/213/2761

稷

稷　州
　　5/附/3273

薊

薊州（漁陽郡）
　　3/119/1574

冀

冀州　見魏州
　　3/98/1323

冀州（魏州、信都郡）
　　3/107/1444

濟

濟南郡　見齊州
　　2/73/1011

濟陽郡　見濟州
　　2/75/1033

濟陰郡　見曹州
　　2/68/956

濟州（濟陽郡）
　　2/75/1033

嘉

嘉州(犍爲郡)
　　5/236/2968

犍

犍爲郡　見嘉州
　　5/236/2968

簡

簡州　見橫州
　　5/293/3191
簡州(陽安郡)
　　5/235/2962
簡州(雲州)
　　5/附/3338

建

建安郡　見建州
　　3/152/2097
建陵郡　見桂州
　　5/275/3126
建州(建安郡)
　　3/152/2097

劍

劍州(始州、普安郡)
　　5/228/2905

江

江華郡　見道州

　　4/170/2380
江陵府　見荊州
　　4/195/2564
江陵郡　見荊州
　　4/195/2564
江寧郡　見昇州
　　5/65/3334
江夏郡　見鄂州
　　4/164/2291
江油郡　見龍州
　　5/250/3029
江源郡　見當州
　　5/251/3033
江州(潯陽郡)
　　4/158/2193

蔣

蔣州(揚州)
　　5/附/3333

獎

獎州　見業州
　　4/188/2478

絳

絳郡　見絳州
　　2/80/1110
絳州(絳郡)
　　2/80/1110

交

交川郡　見松州
　　5/247/3021
交河郡　見西州
　　1/45/498
交　州
　　5/附/3279
交州　見安南都護府
　　5/310/3227

澆

澆河郡
　　5/附/3285

介

介　州
　　5/附/3316

金

金城郡　見蘭州
　　1/30/417
金州（安康郡、漢陰郡）
　　4/203/2655
金州　見戴州
　　5/附/3310

錦

錦州（盧陽郡）

4/179/2461

晉

晉昌郡　見瓜州
　　1/42/479
晉康郡　見康州
　　5/265/3103
晉陵郡　見常州
　　3/138/1810
晉州（平陽郡）
　　2/81/1133

縉

縉雲郡　見括州
　　3/149/2053

京

京兆府（雍州）上
　　1/1/3
京兆府（雍州）下
　　1/2/39

荆

荆州（江陵府、江陵郡）
　　4/195/2564

涇

涇州（安定郡、保定郡）
　　1/13/262

景

景城郡　見滄州
　　　　3/109/1462

景　州
　　　　5/附/3326

竟

竟陵郡　見復州
　　　　4/194/2556

靖

靖州(米州、筠州)
　　　　5/附/3357

静

静川郡　見静州
　　　　5/253/3035

静戎郡　見霸州
　　　　5/附/3363

静州　見富州
　　　　5/277/3153

静州(南和州、静川郡)
　　　　5/253/3035

九

九原郡　見豐州
　　　　1/22/353

九真郡　見愛州

　　　　5/314/3248

酒

酒泉郡　見肅州
　　　　1/41/475

莒

莒　州
　　　　5/附/3311

鉅

鉅鹿郡　見邢州
　　　　3/103/1392

均

均州(武當郡)
　　　　4/196/2600

筠

筠州　見靖州
　　　　5/附/3357

開

開江郡　見富州
　　　　5/277/3153

開陽郡　見瀧州
　　　　5/267/3109

開州(盛山郡)
　　　　4/211/2750

康

康　州
　　5/附/3284
康州（南康州、晉康郡）
　　5/265/3103

夔

夔州（信州、雲安郡）
　　4/200/2629

昆

昆州　見柳州
　　5/288/3169

括

括州（縉雲郡、處州）
　　3/149/2053

廓

廓州（寧塞郡）
　　1/36/445

萊

萊州（東萊郡）
　　2/77/1060

嵐

嵐州（樓煩郡）

　　2/94/1299

蘭

蘭州（金城郡）
　　1/30/417

郎

郎州　見播州
　　4/183/2470

琅

琅邪郡　見沂州
　　2/70/987

朗

朗寧郡　見邕州
　　5/290/3175
朗州（武陵郡）
　　4/173/2407

閬

閬中郡　見閬州
　　4/216/2779
閬州（隆州、閬中郡）
　　4/216/2779

牢

牢州（義州、智州、定川郡）
　　5/303/3218

樂

樂安郡　見棣州
　　　3/111/1488

樂古郡　見古州
　　　5/309/3226

樂平郡　見儀州
　　　2/88/1229

樂州　見昭州
　　　5/276/3150

雷

雷州（南合州、東合州、海康郡）
　　　5/321/3258

黎

黎　州
　　　5/附/3320

黎州（江源郡）
　　　5/239/2992

澧

澧陽郡　見澧州
　　　4/174/2419

澧州（澧陽郡）
　　　4/174/2419

利

利州（益昌郡）

4/208/2722

荔

荔　州
　　　5/附/3366

歷

歷陽郡　見和州
　　　3/126/1657

麗

麗　州
　　　5/附/3339

連

連城郡　見義州
　　　5/272/3121

連山郡　見連州
　　　4/169/2370

連州（連山郡）
　　　4/169/2370

廉

廉　州
　　　5/附/3324

廉州（越州、合浦郡）
　　　5/320/3257

涼

涼州（武威郡）

1/39/452

梁

梁州（襄州、漢中郡、興元府）
　　4/205/2685

遼

遼州　見儀州
　　2/88/1229

林

林州　見繡州
　　5/286/3166

潾

潾山郡　見渠州
　　4/219/2802

潾　州
　　5/附/336

臨

臨川郡　見撫州
　　4/160/2232

臨封郡　見封州
　　5/266/3106

臨海郡　見台州
　　3/144/1962

臨賀郡　見賀州
　　5/262/3092

臨淮郡　見泗州
　　2/65/909

臨江郡　見夔州
　　5/280/3159

臨邛郡　見邛州
　　5/237/2976

臨汝郡　見汝州
　　1/54/686

臨潭郡　見瀼州
　　5/307/3223

臨洮郡　見洮州
　　1/34/436

臨汀郡　見汀州
　　3/154/2125

臨翼郡　見翼州
　　5/242/3004

臨振郡　見振州
　　5/327/3267

臨州　見洮州
　　1/34/436

臨州　見忠州
　　4/202/2645

臨淄郡　見齊州
　　2/73/1011

麟

麟　州
　　5/附/3276

麟州（新秦郡）

5/附/3281

陵

陵水郡　見辯州
　　5/301/3216
陵州（仁壽郡）
　　5/232/2945

零

零陵郡　見永州
　　4/171/2389

靈

靈昌郡　見滑州
　　2/57/760
靈武郡　見靈州
　　1/18/317
靈溪郡　見溪州
　　4/177/2454
靈州（靈武郡）
　　1/18/317

嶺

嶺方郡　見賓州
　　5/284/3163

柳

柳城郡　見營州
　　3/121/1582

柳州（昆州、南昆州、龍城郡）
　　5/288/3169

隆

隆州　見閬州
　　4/216/2779

龍

龍標郡　見業州
　　4/188/2478
龍城郡　見柳州
　　5/288/3169
龍池郡　見山州
　　5/296/3196
龍門郡　見龍州
　　5/250/3029
龍水郡　見宜州
　　5/312/3246
龍州（龍門郡、江油郡）
　　5/250/3029

瀧

瀧州（開陽郡）
　　5/267/3109

籠

籠州（扶南郡）
　　5/322/3260

隴

隴西郡　見渭州
　　　1/29/413
隴州（汧陽郡）
　　　1/15/288

樓

樓煩郡　見嵐州
　　　2/94/1299
盧溪郡　見辰州
　　　4/178/2456
盧陽郡　見錦州
　　　4/179/2461

廬

廬江郡　見廬州
　　　3/129/1695
廬陵郡　見吉州
　　　4/162/2258
廬山郡　見雅州
　　　5/238/2985
廬州（廬江郡）
　　　3/129/1695

瀘

瀘川郡　見瀘州
　　　5/240/2995
瀘州（瀘川郡）

5/240/2995

魯

魯郡　見兗州
　　　2/69/969
魯　州
　　　5/附/3283

陸

陸州（玉山州、玉山郡）
　　　5/319/3256

潞

潞州（上黨郡）
　　　2/86/1192

呂

呂　州
　　　5/附/3316

巒

巒州　見淳州
　　　5/297/3197

羅

羅州（招義郡）
　　　5/298/3198

洛

洛交郡　見鄜州

1/7/193

洛陽宮　見東都
1/48/525

洛州上　見河南府上
1/49/558

洛州下　見河南府下
1/50/586

馬

馬邑郡　見朔州
2/96/1309

毛

毛　州
5/附/3319

茅

茅　州
5/附/3337

茂

茂州（會州、南會州、通化郡）
5/241/3000

眉

眉州（通義郡）
5/226/2885

濛

濛陽郡　見彭州

5/224/2869

濛　州
5/附/3362

蒙

蒙山郡　見蒙州
5/279/3158

蒙州（南恭州、蒙山郡）
5/279/3158

孟

孟　州
5/附/3289

米

米州　見靖州
5/附/3357

密

密雲郡　見檀州
3/118/1569

密州（高密郡）
2/71/996

綿

綿州（巴西郡）
5/227/2892

沔

沔州（漢陽郡）

3/136/1775

岷

岷州（和政郡）
　　1/35/440

閩

閩州　見福州
　　3/151/2076

明

明州（餘姚郡）
　　3/143/1949

洺

洺州（廣平郡）
　　3/104/1407

莫

莫州（文安郡）
　　3/115/1535

牟

牟州
　　5/附/3313

沐

沐　州
　　5/附/3362

睦

睦州（新定郡）
　　3/147/2017

南

南賓郡　見忠州
　　4/202/2645

南昌郡　見白州
　　5/302/3217

南昌州（孫州）
　　5/附/3357

南充郡　見果州
　　4/217/2787

南川郡　見南州
　　4/186/2474

南宕州　見潘州
　　5/299/3199

南德州　見驩州
　　5/317/3253

南方州　見澄州
　　5/285/3164

南汾州　見慈州
　　2/82/1152

南扶州　見竇州
　　5/273/3123

南恭州　見蒙州
　　5/279/3158

南縠州

5/附/3303

南海郡　見廣州
　　5/257/3041

南合州　見雷州
　　5/321/3258

南和州　見靜州
　　5/253/3035

南會州　見茂州
　　5/241/3000

南簡州　見橫州
　　5/293/3191

南康郡　見虔州
　　4/161/2245

南康州　見康州
　　5/265/3103

南昆州　見柳州
　　5/288/3169

南梁州　見邵州
　　4/172/2401

南陵郡　見春州
　　5/269/3113

南潘郡　見潘州
　　5/299/3199

南平郡　見渝州
　　4/220/2807

南平州
　　5/附/3358

南浦郡　見萬州
　　4/201/2639

南石州　見辯州
　　5/301/3216

南溪郡　見戎州
　　5/244/3008

南徐州　見猷州
　　5/附/3356

南陽郡　見鄧州
　　4/190/2511

南義州　見義州
　　5/272/3121

南尹州　見貴州
　　5/291/3188

南營州　見道州
　　4/170/2380

南州(㵨州、南川郡)
　　4/186/2474

南州　見白州
　　5/302/3217

寧

寧浦郡　見橫州
　　5/293/3191

寧仁郡　見黨州
　　5/292/3190

寧塞郡　見廓州
　　1/36/445

寧朔郡　見宥州
　　1/23/363

寧夷郡　見思州

29

4/187/2476

寧越郡　見欽州
　　5/304/3219

寧州（彭原郡）
　　1/11/244

潘

潘州（南宕州、南潘郡）
　　5/299/3199

彭

彭城郡　見徐州
　　2/64/886

彭原郡　見寧州
　　1/11/244

彭　州
　　5/附/3280

彭州（濛陽郡）
　　5/224/2869

蓬

蓬山郡　見蓬州
　　4/215/2774

蓬山郡　見柘州
　　5/255/3037

蓬州（咸安郡、蓬山郡）
　　4/215/2774

平

平樂郡　見昭州

5/276/3150

平涼郡　見原州
　　1/14/282

平琴郡　見平琴州
　　5/283/3162

平琴州（平琴郡）
　　5/283/3162

平陽郡　見晉州
　　2/81/1133

平原郡　見德州
　　3/110/1477

平州（北平郡）
　　3/120/1577

平　州
　　5/附/3296

鄱

鄱陽郡　見饒州
　　4/159/2214

蒲

蒲州（河中府、河東郡）
　　2/79/1075

濮

濮陽郡　見濮州
　　2/67/945

濮州（濮陽郡）
　　2/67/945

浦

浦州　見萬州
　　　4/201/2639

普

普安郡　見劍州
　　　5/228/2905
普寧郡　見容州
　　　5/300/3202
普州(安岳郡)
　　　5/231/2940

祁

祁　州
　　　5/附/3328

岐

岐州(扶風郡、鳳翔府)
　　　1/5/137

齊

齊安郡　見黃州
　　　3/134/1754
齊州(臨淄郡、濟南郡)
　　　2/73/1011

蘄

蘄春郡　見蘄州

3/131/1727
蘄州(蘄春郡)
　　　3/131/1727

杞

杞　州
　　　5/附/3302

洴

洴陽郡　見隴州
　　　1/15/288

遷

遷　州
　　　5/附/3360

虔

虔州(南康郡)
　　　4/161/2245

乾

乾　州
　　　5/附/3363

黔

黔中郡　見黔州
　　　4/175/2435
黔州(黔中郡)
　　　4/175/2435

谯

谯郡　见亳州
　　2/63/870

秦

秦州(天水郡)
　　1/27/395

勤

勤州(云浮郡)
　　5/274/3125

潥

潥溪郡　见潥州
　　4/185/2473
潥州(潥溪郡)
　　4/185/2473

沁

沁州(阳城郡)
　　2/85/1186

钦

钦州(宁越郡)
　　5/304/3219

青

青州(北海郡)

2/76/1040

清

清河郡　见贝州
　　3/102/1381
清化郡　见巴州
　　4/214/2766
清江郡　见施州
　　4/176/2450
清源郡　见泉州
　　3/153/2111

庆

庆州(安化郡、顺化郡)
　　1/12/253

邛

邛州(临邛郡)
　　5/237/2976

琼

琼山郡　见琼州
　　5/326/3265
琼州(琼山郡)
　　5/326/3265

渠

渠州(潾山郡)
　　4/219/2802

衢

衢州（信安郡）
　　　3/146/2001

泉

泉州（豐州、武榮州、清源郡）
　　　3/153/2111

泉　州
　　　5/附/3275

泉州　見福州
　　　3/151/2076

瀼

瀼州（臨潭郡）
　　　5/307/3223

饒

饒陽郡　見深州
　　　3/108/1456

饒州（鄱陽郡）
　　　4/159/2214

仁

仁壽郡　見陵州
　　　5/232/2945

仁　州
　　　5/附/3310

日

日南郡　見驩州
　　　5/317/3253

戎

戎州（南溪郡）
　　　5/244/3008

容

容州（銅州、普寧郡）
　　　5/300/3202

榮

榮州（和義郡）
　　　5/234/2958

融

融水郡　見融州
　　　5/289/3174

融州（融水郡）
　　　5/289/3174

汝

汝南郡　見豫州
　　　2/61/842

汝陰郡　見潁州
　　　2/62/861

汝州（伊州、臨汝郡）
　　1/54/686

芮

芮　州
　　5/附/3289

潤

潤州（丹陽郡）
　　3/137/1783

沙

沙州（瓜州、燉煌郡）
　　1/43/485

山

山州（龍池郡）
　　5/296/3196

陝

陝郡　見陝州
　　1/51/605
陝州（陝郡）
　　1/51/605

鄯

鄯州（西平郡）
　　1/31/421

商

商州（上洛郡）
　　4/204/2667

上

上黨郡　見潞州
　　2/86/1192
上谷郡　見易州
　　3/113/1516
上郡　見綏州
　　1/17/313
上洛郡　見商州
　　4/204/2667

韶

韶州（番州、東衡州、始興郡）
　　5/258/3074

邵

邵陽郡　見邵州
　　4/172/2401
邵州（南梁州、邵陽郡）
　　4/172/2401

申

申州（義陽郡）
　　3/133/1746

深

深州（饒陽郡）
　　3/108/1456

神

神都　見東都
　　1/48/525

昇

昇州（江寧郡）
　　5/附/3334

盛

盛山郡　見開州
　　4/211/2750

盛唐郡　見舒州
　　3/128/1682

勝

勝州（榆林郡）
　　1/24/366

施

施州（清江郡）
　　4/176/2450

石

石州（昌化郡）

2/95/1304

始

始安郡　見桂州
　　5/275/3126

始寧郡　見壁州
　　4/212/2757

始興郡　見韶州
　　5/258/3074

始州　見劍州
　　5/228/2905

壽

壽春郡　見壽州
　　3/130/1709

壽州（壽春郡）
　　3/130/1709

舒

舒州（同安郡、盛唐郡）
　　3/128/1682

蜀

蜀郡　見益州
　　5/222/2823

蜀州（唐安郡）
　　5/225/2877

順

順化郡　見慶州

1/12/253

順義郡　見順州
　　　　5/附/3367

順政郡　見興州
　　　　4/207/2718

順　州
　　　　5/附/3367

順州（順義郡）
　　　　5/附/3367

朔

朔方郡　見夏州
　　　　1/16/299

朔州（馬邑郡）
　　　　2/96/1309

思

思州（務州、寧夷郡）
　　　　4/187/2476

泗

泗州（臨淮郡）
　　　　2/65/909

松

松州（交川郡）
　　　　5/247/3021

嵩

嵩　州

5/附/3288

宋

宋州（睢陽郡）
　　　　2/56/742

蘇

蘇州（吳郡）
　　　　3/139/1836

宿

宿　州
　　　　5/附/3305

肅

肅州（酒泉郡）
　　　　1/41/475

睢

睢陽郡　見宋州
　　　　2/56/742

隋

隋州（漢東郡）
　　　　4/192/2536

綏

綏州（上郡）
　　　　1/17/313

遂

遂寧郡　見遂州
　　5/230/2930
遂州（遂寧郡）
　　5/230/2930

孫

孫州　見南昌州
　　5/附/3357

台

台州（臨海郡）
　　3/144/1962

太

太原府（并州）上
　　2/89/1234
太原府（并州）下
　　2/90/1254
太州　見華州
　　1/3/67

泰

泰　州
　　5/附/3314

潭

潭陽郡　見巫州

　　4/180/2463
潭州（長沙郡）
　　4/166/2322

檀

檀州（密雲郡）
　　3/118/1569

譚

譚　州
　　5/附/3311

湯

湯州（溫泉郡）
　　5/306/3222

唐

唐安郡　見蜀州
　　5/225/2877
唐林郡　見唐林州
　　5/315/3251
唐林州（福禄州、福禄郡、唐林郡）
　　5/315/3251
唐州（顯州、淮安郡）
　　4/191/2526

洮

洮州（臨州、臨洮郡）
　　1/34/436

藤

藤州（感義郡）
　　5/271/3118

天

天保郡　見奉州
　　5/256/3038

天水郡　見秦州
　　1/27/395

田

田州（横山郡）
　　5/294/3193

汀

汀州（臨汀郡）
　　3/154/2125

庭

庭州　見北庭都護府
　　1/47/513

通

通川郡　見通州
　　4/210/2742

通化郡　見茂州
　　5/241/3000

通義郡　見眉州

　　5/226/2885

通州（通川郡）
　　4/210/2742

同

同安郡　見舒州
　　3/128/1682

同昌郡　見扶州
　　5/249/3027

同谷郡　見成州
　　1/28/409

同州（馮翊郡）
　　1/4/102

銅

銅州　見容州
　　5/300/3202

萬

萬安郡　見萬安州
　　5/328/3268

萬安州（萬安郡、萬全郡）
　　5/328/3268

萬全郡　見萬安州
　　5/328/3268

萬州（浦州、南浦郡）
　　4/201/2639

威

威　州

5/附/3366

維

維川郡　見維州
　　5/242/3006
維州（維川郡）
　　5/242/3006

濰

濰　州
　　5/附/3312

洧

洧　州
　　5/附/3303

渭

渭州（隴西郡）
　　1/29/413

衛

衛州（汲郡）
　　3/101/1370

魏

魏郡　見魏州
　　3/98/1323
魏州（冀州、魏郡）
　　3/98/1323

魏州　見冀州
　　3/107/1444

溫

溫泉郡　見湯州
　　5/306/3222
溫水郡　見禺州
　　5/305/3221
溫州（東嘉州、永嘉郡）
　　3/150/2068
溫　州
　　5/附/3359

文

文安郡　見莫州
　　3/115/1535
文城郡　見慈州
　　2/82/1152
文陽郡　見長州
　　5/316/3252
文州（陰平郡）
　　5/248/3024

巫

巫州（沅州、潭陽郡、叙州）
　　4/180/2463

吳

吳郡　見蘇州

3/139/1836

吳興郡 見湖州

3/140/1868

梧

梧州(蒼梧郡)

5/278/3155

五

五原郡 見鹽州

1/19/338

武

武安州(武曲郡)

5/329/3269

武當郡 見均州

4/196/2600

武都郡 見武州

1/32/431

武峨郡 見武峨州

5/311/3245

武峨州(武峨郡)

5/311/3245

武陵郡 見朗州

4/173/2407

武曲郡 見武安州

5/329/3269

武榮州 見泉州

3/153/2111

武威郡 見涼州

1/39/452

武 州

5/附/3318

武州 見東武州

5/附/3338

武州(武都郡)

1/32/431

舞

舞州 見業州

4/188/2478

務

務州 見思州

4/187/2476

婺

婺州(東陽郡)

3/145/1986

西

西韓州

5/附/3276

西河郡 見汾州

2/84/1168

西濟州

5/附/3298

西平郡 見鄯州

1/31/421

西州(交河郡)
　　1/45/498

息

息　州
　　5/附/3304

悉

悉州(歸誠郡)
　　5/252/3034

淅

淅　州
　　5/附/3360

溪

溪州(靈溪郡)
　　4/177/2454

歙

歙州(新安郡)
　　3/148/2039

隰

隰州(大寧郡)
　　2/83/1159

峽

峽州(夷陵郡)

4/198/2615

夏

夏州(朔方郡)
　　1/16/299

仙

仙　州
　　5/附/3299

咸

咸安郡　見蓬州
　　4/215/2774
咸寧郡　見丹州
　　1/9/228

顯

顯州　見唐州
　　4/191/2526

憲

憲　州
　　5/附/3317

相

相州(鄴郡)
　　3/100/1353

襄

襄陽郡　見襄州

4/189/2481

襄州(襄陽郡)

4/189/2481

象

象山郡 見象州

5/287/3167

象州(象山郡)

5/287/3167

忻

忻城郡 見芝州

5/313/3247

忻州(定襄郡)

2/93/1294

莘

莘 州

5/附/3319

新

新安郡 見歙州

3/148/2039

新定郡 見睦州

3/147/2017

新平郡 見邠州

1/6/168

新秦郡 見麟州

5/附/3281

新興郡 見新州

5/264/3100

新州(新興郡)

5/264/3100

信

信安郡 見衢州

3/146/2001

信都郡 見冀州

3/107/1444

信 州

5/附/3339

信州 見夔州

4/200/2629

信州 見潁州

2/62/861

興

興唐郡 見蔚州

2/92/1286

興元府 見梁州

4/205/2685

興州(順政郡)

4/207/2718

邢

邢州(鉅鹿郡)

3/103/1392

熊

熊　州
　　　5/附/3288

修

修德郡　見嚴州
　　　5/295/3194

繡

繡州（林州、常林郡）
　　　5/286/3166

徐

徐州（彭城郡）
　　　2/64/886

許

許州（潁川郡）
　　　2/59/804

叙

叙州　見巫州
　　　4/180/2463

宣

宣城郡　見宣州
　　　4/156/2139
宣州（宣城郡）

　　　4/156/2139

循

循州（海豐郡）
　　　5/259/3082

潯

潯江郡　見潯州
　　　5/281/3160
潯陽郡　見江州
　　　4/158/2193
潯州（潯江郡）
　　　5/281/3160

崖

崖州（珠崖郡）
　　　5/324/3262

雅

雅州（盧山郡）
　　　5/238/2985

延

延安郡　見延州
　　　1/10/233
延州（延安郡）
　　　1/10/233

嚴

嚴州（修德郡）

43

5/295/3194

巖

巖州（安樂郡、常樂郡）
　　　5/308/3224
巖　州
　　　5/附/3320

鹽

鹽州（五原郡）
　　　1/19/338

雁

雁門郡　見代州
　　　2/91/1273

燕

燕然大都護府　見安北大都護
府
　　　1/26/386
燕州（歸德郡）
　　　3/122/1595

洋

洋川郡　見洋州
　　　4/209/2732
洋州（洋川郡）
　　　4/209/2732

陽

陽安郡　見簡州
　　　5/235/2962
陽城郡　見沁州
　　　2/85/1186

揚

揚州（袞州、邗州、廣陵郡）
　　　3/123/1599
揚州　見蔣州
　　　5/附/3333

姚

姚州（雲南郡）
　　　5/245/3011

耀

耀　州
　　　5/附/3277

夜

夜郎郡　見珍州
　　　4/184/2472

業

業州（舞州、鶴州、龍標郡、獎州）
　　　4/188/2478

鄴

鄴郡　見相州
　　3/100/1353

伊

伊吾郡　見伊州
　　1/44/494

伊州　見汝州
　　1/54/686

伊州(伊吾郡)
　　1/44/494

依

依　州
　　5/附/3283

夷

夷陵郡　見峽州
　　4/198/2615

夷州(義泉郡)
　　4/182/2468

沂

沂州(琅邪郡)
　　2/70/987

宜

宜春郡　見袁州

　　4/163/2274

宜　州
　　5/附/3274

宜州(粵州、龍水郡)
　　5/312/3246

儀

儀州(遼州、箕州、樂平郡)
　　2/88/1229

弋

弋陽郡　見光州
　　3/132/1737

易

易州(上谷郡)
　　3/113/1516

益

益昌郡　見利州
　　4/208/2722

益州(蜀郡、成都府)
　　5/222/2823

義

義寧郡　見岡州
　　5/261/3091

義泉郡　見夷州
　　4/182/2468

義陽郡　見申州
　　　3/133/1746
義州　見牟州
　　　5/303/3218
義州（南義州、連城郡）
　　　5/272/3121

翼

翼州（臨翼郡）
　　　5/242/3004

殷

殷　州
　　　5/附/3297

陰

陰平郡　見文州
　　　5/248/3024

溦

溦　州
　　　5/附/3304

銀

銀川郡　見銀州
　　　1/21/348
銀州（銀川郡）
　　　1/21/348

榮

榮陽郡　見鄭州
　　　1/53/663

營

營州　見道州
　　　4/170/2380
營州（柳城郡）
　　　3/121/1582

瀛

瀛州（河間郡）
　　　3/114/1525

鄆

鄆州（富水郡）
　　　4/193/2546

潁

潁川郡　見許州
　　　2/59/804
潁州（信州、汝陰郡）
　　　2/62/861

邕

邕州（朗寧郡）
　　　5/290/3175

雍

雍州（上）　見京兆府（上）
1/1/3

雍州（下）　見京兆府（下）
1/2/39

永

永定郡　見淳州
5/297/3197

永嘉郡　見溫州
3/150/2068

永陽郡　見滁州
3/125/1646

永州（零陵郡）
4/171/2389

幽

幽州（范陽郡）
3/116/1538

猷

猷州（南徐州）
5/附/3356

宥

宥州（寧朔郡、懷德郡）
1/23/363

渝

渝州（南平郡）

4/220/2807

禺

禺州（東峨州、溫水郡）
5/305/3221

榆

榆林郡　見勝州
1/24/366

虞

虞　州
5/附/3315

漁

漁陽郡　見薊州
3/119/1574

餘

餘杭郡　見杭州
3/141/1897

餘姚郡　見明州
3/143/1949

玉

玉山郡　見陸州
5/319/3256

玉山州　見陸州
5/319/3256

豫

豫章郡　見洪州
　　4/157/2167
豫州（汝南郡、蔡州）
　　2/61/842

鬱

鬱林郡　見鬱林州
　　5/282/3161
鬱林州（蔚林州、鬱林郡）
　　5/282/3161

蔚

蔚林州　見鬱林州
　　5/282/3161
蔚州（安邊郡、興唐郡）
　　2/92/1286

沅

沅州　見巫州
　　4/180/2463

袁

袁州（宜春郡）
　　4/136/2274

原

原州（平涼郡）
　　1/14/282

岳

岳州（巴州、巴陵郡）
　　4/165/2310

越

越巂郡　見巂州
　　5/246/3014
越州（會稽郡）
　　3/142/1923
越州　見廉州
　　5/320/3257

粵

粵州　見宜州
　　5/312/3246

雲

雲安郡　見夔州
　　4/200/2629
雲浮郡　見勤州
　　5/274/3125
雲南郡　見姚州
　　5/245/3011
雲山郡　見奉州
　　5/256/3038
雲中郡　見雲州
　　2/97/1314

雲州　見簡州
　　　5/附/3338
雲州（雲中郡）
　　　2/97/1314

鄆

鄆州（東平郡）
　　　2/66/923

澤

澤州（高平郡）
　　　2/87/1214

潭

潭　州
　　　5/附/3321

張

張掖郡　見甘州
　　　1/40/470

漳

漳浦郡　見漳州
　　　3/155/2129
漳州（漳浦郡）
　　　3/155/2129

招

招義郡　見羅州

5/298/3198

昭

昭德郡　見真州
　　　5/附/3363
昭州（樂州、平樂郡）
　　　5/276/3150

趙

趙郡　見趙州
　　　3/105/1422
趙州（趙郡）
　　　3/105/1422

柘

柘州（蓬山郡）
　　　5/255/3037

珍

珍州（夜郎郡）
　　　4/184/2472

真

真州（昭德郡）
　　　5/附/3363

振

振州（臨振郡）
　　　5/327/3267

鎮

鎮北大都護府　見安北大都護
府
1/26/386

鎮南都護府　見安南都護府
5/310/3227

鎮西都護府　見安西大都護府
1/46/502

鎮州　見恒州
3/106/1430

正

正平郡　見環州
5/附/3261

鄭

鄭州（滎陽郡）
1/53/663

芝

芝州（忻城郡）
5/313/3247

陟

陟　州
5/附/3296

智

智　州

5/附/3367

智州　見牢州
5/303/3218

中

中部郡　見坊州
1/8/215

忠

忠州（臨州、南賓郡）
4/202/2645

鍾

鍾離郡　見濠州
3/127/1671

珠

珠崖郡　見崖州
5/324/3262

涿

涿　州
5/62/3328

淄

淄川郡　見淄州
2/74/1024

淄州（淄川郡）
2/74/1024

資

資陽郡　見資州
　　　5/233/2951

資州(資陽郡)
　　　5/233/2951

梓

梓潼郡　見梓州

5/229/2912

梓州(梓潼郡)
　　　5/229/2912

鄒

鄒　州
　　　5/附/3312

刺史姓名索引

【阿】

阿史那承獻（史獻）

　　　1/47/515

阿史那蘇尼失

　　　1/11/244

阿史那忠（史忠）

　　　5/附/3281

【艾】

艾　乙　4/174/2428

【安】

安從義　4/208/2730

安朏汗　5/243/3006

安附國　5/243/3006

安貫言　5/附/3368

安金俊　2/87/1227

　　　3/103/1403

　　　3/103/1404

安景思　3/125/1655

安　靖　5/299/3200

安居受　2/86/1209

安禄山　2/97/1315

　　　3/116/1551

　　　3/121/1589

安　某　2/55/740

安慶緒　3/118/1571

安　全　1/24/371

安仁義　3/137/1807

安師儒　2/57/780

　　　2/76/1057

安思恭　5/附/3283

安思順　1/18/325

　　　1/18/325

　　　1/34/437

　　　1/39/465

　　　1/39/465

安太清　1/52/649

　　　2/55/725

安文祐　5/237/2982

安興貴　1/39/453

安修仁　1/39/453

安玄暉　3/102/1384

安夷公　1/15/290

安友權　5/310/3243

安友晟　1/11/252

安　玉　5/附/3324

安知建　3/103/1404

安忠敬　5/247/3023

安忠敬（安敬忠、李忠敬）

　　　1/20/347

安忠敬（李忠敬）

　　　1/31/425

【白】

白大威　3/109/1464

　　　5/227/2894

5/229/2913

白鴻儒　5/266/3107

白季庚　2/64/896

白居易　1/4/128

　　　　1/50/592

　　　　3/139/1856

　　　　3/141/1914

　　　　4/202/2651

白君成　2/88/1233

白君懃　5/236/2969

白敏中　1/5/163

　　　　1/6/185

　　　　1/11/250

　　　　1/48/554

　　　　4/195/2591

　　　　5/222/2854

白士通　4/208/2723

白孝德　1/6/175

　　　　1/8/221

白義誠　2/92/1292

白知節　1/18/323

　　　　3/125/1648

　　　　4/191/2528

　　　　5/224/2870

白知慎　2/81/1140

白志貞　3/137/1797

　　　　4/217/2791

白忠信　1/17/316

白子昉　5/230/2939

【柏】

柏季纂　1/54/686

　　　　5/230/2930

　　　　5/附/3274

　　　　5/附/3316

柏　耆　3/145/1995

柏元封　2/60/839

　　　　2/61/857

　　　　2/67/952

柏貞節(柏茂琳、柏茂林)

　　　　1/4/119

柏貞節(柏茂琳)

　　　　4/200/2633

柏貞節(柏茂林、柏茂琳)

　　　　5/237/2979

【班】

班景倩　3/123/1614

　　　　4/156/2144

　　　　4/166/2326

班　肅　1/8/225

班　震　4/200/2634

【包】

包　陳　5/238/2988

包　佶　4/158/2199

【鮑】

鮑安仁　3/125/1646

鮑　防　1/1/35

2/90/1257

3/151/2083

4/157/2177

【畢】

畢　誠　2/82/1157

畢　構　1/4/109

1/49/571

1/51/612

2/79/1084

2/81/1138

3/101/1374

3/137/1787

5/222/2835

5/222/2835

5/222/2835

5/222/2836

5/257/3047

畢　憬　2/59/806

3/102/1383

3/103/1395

3/129/1696

畢　抗（畢炕）

3/104/1414

3/139/1843

畢　某　1/27/408

4/208/2726

畢守恭　5/263/3096

5/264/3100

5/268/3111

畢　温　1/40/472

畢　諴　1/2/55

1/6/185

1/11/251

2/55/737

2/79/1104

2/86/1205

2/90/1267

5/附/3324

畢　諴（畢操）

3/144/1962

畢　諴（畢操?）

3/125/1647

4/164/2292

畢元愷　2/78/1068

畢重華　5/227/2894

【卞】

卞　俛　4/204/2677

【卜】

卜處冲　1/40/471

5/250/3030

【步】

步大汗威　2/92/1286

【采】

采泰眷　3/100/1360

【蔡】

蔡 儔 3/129/1707
蔡德讓 3/142/1927
　　　 5/257/3045
蔡德章 5/271/3120
蔡 結 4/170/2388
蔡 京 4/159/2229
　　　 4/160/2241
　　　 4/174/2429
　　　 5/290/3183
蔡君師 1/13/264
蔡希德 3/110/1483
蔡 僖 3/151/2088
蔡 襲 4/166/2341
　　　 5/310/3241
蔡 行 1/22/362
蔡 雄 3/115/1536
蔡 訓 2/85/1191
蔡真清 3/131/1731

【曹】

曹 誠 3/109/1475
　　　 4/175/2447
　　　 4/175/2448
曹楚玉 2/92/1289
曹存實 2/66/941
曹 汾 1/50/599
　　　 2/59/822

曹高仕(曹高任)
　　　 5/246/3018
曹 圭(曹珪)
　　　 3/139/1866
曹 華 1/11/249
　　　 2/57/773
　　　 2/69/979
　　　 2/70/993
　　　 3/111/1492
曹季昌? 4/192/2541
曹 某 3/151/2078
曹 慶 2/64/903
曹 瓊 3/139/1860
曹全晸 2/66/941
　　　 2/74/1032
曹 確 1/50/598
　　　 2/79/1106
　　　 3/137/1805
　　　 4/159/2228
曹 昇 2/64/895
曹 翔 1/15/297
　　　 2/64/904
　　　 2/69/984
　　　 2/86/1207
　　　 2/90/1269
曹 翔?(曹朔)
　　　 2/67/954
曹 信 5/272/3121
曹 鄴 4/209/2739

曹義金? 1/43/492

曹　愚　3/148/2052

曹　嶽　5/239/2994

【岑】

岑　參　5/236/2972

岑景倩　3/101/1374

岑　靖　4/194/2559

岑　軻　3/139/1843

岑曼倩　1/1/11

岑　義　1/51/613

岑　翔(岑仲翔)

　　　　1/51/613

　　　　2/87/1217

岑　休(岑仲休)

　　　　4/204/2669

岑　奥　5/226/2888

岑　贊　4/167/2350

岑　植　2/81/1139

　　　　5/附/3299

岑　終　4/162/2262

【柴】

柴令武　2/94/1299

　　　　3/101/1371

柴少儒　3/149/2058

柴　紹　1/3/67

　　　　1/5/137

柴再用　3/124/1644

　　　　3/132/1744

柴哲威　1/45/499

　　　　1/46/502

　　　　5/310/3230

【常】

常　達　1/15/288

　　　　1/15/288

常　袞　3/151/2083

　　　　5/260/3088

常　何　1/10/233

　　　　1/13/264

　　　　4/175/2436

　　　　5/233/2952

常懷德　5/260/3086

常克儉　3/152/2106

常　某　5/259/3085

常謙光　1/18/328

常　泰　1/52/646

常休明　1/52/651

　　　　2/68/963

常　巽　1/8/224

常仲孺　4/219/2805

常　滋　4/195/2595

【暢】

暢　璀　2/79/1092

暢　當　4/217/2793

暢　悅　4/166/2331

5/275/3136

【朝】

朝　衡(晁衡)
　　　　5/310/3233

【陳】

陳寶遇　2/56/742
陳　操　3/147/2021
陳　察　5/248/3024
陳承親　5/268/3111
陳冲用　2/60/828
陳崇業　1/1/12
陳　楚　1/48/547
　　　　1/52/657
　　　　3/112/1508
　　　　3/113/1523
陳處政　4/165/2320
陳大慈　5/241/3001
　　　　5/252/3034
陳大煥　5/272/3121
陳　當　5/234/2960
陳　讜　5/258/3080
　　　　5/269/3113
陳　調　1/23/364
陳　蕃　4/202/2645
陳　瑤　3/135/1774
　　　　4/219/2806
　　　　5/附/3307

陳　芬　3/152/2108
陳　酆　3/155/2130
陳　諷　1/11/251
陳　輔　4/174/2431
陳　光　4/204/2670
陳　瓌(陳可瓌)
　　　　5/275/3148
陳　弘　3/151/2076
　　　　4/195/2570
陳　宏　3/103/1395
陳宏基　3/132/1745
陳　岵　3/127/1678
　　　　3/144/1975
　　　　3/149/2062
陳懷卿　5/278/3155
陳　會　5/223/2866
　　　　5/224/2874
陳　炭　2/81/1137
　　　　3/146/2015
陳　劍　3/154/2126
陳　諫　4/170/2387
　　　　5/259/3084
　　　　5/266/3106
陳　諫?　5/288/3172
陳　皆　4/176/2452
　　　　4/180/2464
　　　　4/196/2603
陳　皆(陳偕)
　　　　3/144/1974

陳敬瑄	5/222/2859		陳履華	1/16/304
陳敬珣	4/216/2785		陳　謨	3/155/2130
陳敬之	3/123/1605			3/155/2131
陳靖意	4/218/2796		陳　某	1/42/481
陳　矩	3/147/2019			2/59/805
陳君賓	3/103/1392			3/138/1827
	3/104/1407			3/148/2043
	4/161/2245			3/155/2136
	4/190/2512			4/166/2326
陳君從	1/6/185			4/215/2776
	1/7/209		陳　輦	4/158/2210
	1/25/383		陳　珮	4/156/2163
陳君賞	1/19/343			5/257/3070
	2/76/1053		陳　伾	3/152/2110
	3/112/1510		陳騫之(陳謇之)	
陳君實	4/175/2445			3/140/1871
陳君通	2/74/1024		陳去疾	3/112/1511
陳君儀	1/10/242		陳全裕	5/附/3346
陳君奕	1/5/159		陳　泉	3/143/1952
陳可言	3/138/1832		陳仁璀(陳仁瓘)	
陳　稜	3/123/1599			5/272/3121
陳利貞	1/54/698		陳仁琇	5/300/3204
陳令英	1/5/143		陳　儒	3/146/2015
	1/14/284			4/159/2230
	3/116/1543			4/195/2596
陳令哲	1/34/437		陳善弘	5/257/3044
陳龍樹	5/304/3220		陳　商	1/51/630
陳　履	1/3/100		陳少遊	1/4/118
	4/200/2632			1/53/673

2/81/1141

3/123/1618

3/142/1935

4/156/2147

5/275/3134

陳　佋　4/175/2447

陳　佋（陳佋）

3/149/2065

4/202/2653

陳　審　3/143/1953

陳　晟　3/147/2037

陳叔達　5/230/2931

陳　澍　2/62/863

陳思誨　3/152/2107

陳思齊　3/145/1990

陳思挺　5/260/3087

陳思應　3/140/1875

5/288/3169

陳思應（陳思膺）

5/275/3133

陳　遂　1/3/71

3/112/1501

陳　璲　3/107/1447

陳　俟　5/297/3197

陳　曇（陳雲）

4/167/2353

5/290/3177

陳　譚　4/169/2373

陳　陶　5/238/2990

陳聽思　5/321/3259

陳　倇　4/220/2812

陳　挺　1/17/314

陳文玉　5/321/3258

陳　聞　5/232/2950

陳吳客　5/305/3221

陳希昂　3/138/1819

陳希古　4/169/2370

陳希固　4/167/2349

陳仙奇　2/61/852

陳賢德　2/84/1171

陳　憲　2/58/786

2/69/974

2/79/1086

4/202/2654

陳憲忠　5/288/3170

陳　珦　3/155/2129

陳孝陽　5/246/3019

陳行範　5/267/3109

5/285/3164

陳行泰　3/116/1558

陳行武　3/152/2097

陳行餘　5/329/3269

陳修古　4/193/2553

4/194/2562

陳　愃　3/113/1522

陳玄珪　1/43/487

陳　璿　4/219/2802

陳　詢　3/147/2037

陳　嚴　3/151/2094
　　　　3/153/2122
陳　弇　4/161/2254
陳彥謙　4/168/2368
陳夷行　1/3/92
　　　　2/79/1101
陳義感　2/58/803
陳　邕　5/附/3330
陳　雍　3/120/1580
陳　鏞　4/164/2306
陳　毓（陳毓生、陳大德）
　　　　5/附/3366
陳元光　3/155/2129
陳元凱　3/133/1747
陳越客　5/308/3224
陳　瓚　4/175/2436
陳　章（陳璋）
　　　　3/145/2000
　　　　3/146/2015
陳　璋　4/208/2727
　　　　5/273/3124
　　　　5/附/3356
陳正觀　2/86/1196
　　　　4/189/2487
陳正儀　3/135/1771
　　　　4/175/2443
陳　政　4/205/2685
陳知新　4/165/2320
陳　智　3/146/2009

陳　忠　2/67/948
陳仲方　5/附/3367
陳　卓　4/158/2211

【成】

成大辨　3/98/1327
成大琬　1/4/110
成大琬（成珏）
　　　　2/80/1116
成公意　1/7/201
成　及　3/137/1807
　　　　3/139/1865
成君綽（成緯）
　　　　3/108/1457
成君賞　3/109/1474
成令璵　3/124/1643
成　某　2/88/1230
成　丕　3/153/2122
成仁重　1/40/470
　　　　2/89/1236
成如璆　1/34/438
成　汭（郭禹）
　　　　4/195/2597
　　　　4/199/2628
成善威　1/40/471
成希戭　4/202/2653
成　琰　3/144/1966
成應元　4/163/2285
成　匭　5/287/3168

【程】

程伯獻　3/104/1411

　　　　4/178/2457

　　　　4/184/2472

　　　　4/200/2632

　　　　5/附/3300

程　超　2/64/908

程處弼　2/55/714

程大買　3/109/1462

程道卿　4/159/2229

程懷信　3/109/1468

程懷直　3/109/1468

程　諫　2/71/999

程景思　4/204/2682

程　婁　3/114/1526

程　樓?　3/123/1599

程名振　2/79/1080

　　　　2/81/1135

　　　　3/104/1408

　　　　3/121/1583

　　　　3/121/1584

程　某　1/28/411

　　　　5/附/3349

程千里　1/47/519

　　　　2/86/1199

　　　　2/97/1315

程　權（程執恭）

　　　　1/6/180

　　　　3/109/1469

程日華（程華）

　　　　3/109/1468

程　壽　4/219/2806

程思奉　4/208/2726

程務挺　1/22/355

程行諶　2/79/1084

程行諶（程則、程行謀）

　　　　3/123/1611

程　昇　4/165/2315

程元皓　3/112/1505

程元勝　3/112/1506

程知節　1/5/140

　　　　1/14/283

　　　　3/116/1540

　　　　4/173/2407

　　　　5/231/2940

　　　　5/240/2995

　　　　5/附/3284

程宗楚　1/13/279

【叱】

叱干公　5/233/2954

【楚】

楚國夫人婿　1/16/310

【褚】

褚仁規　3/123/1629

褚遂良	1/4/105	崔　朝	1/52/650
	4/166/2323		1/53/674
	5/275/3128		2/62/865
	5/314/3248	崔　㽵	3/124/1640
褚　琇	3/138/1817	崔承寵	1/15/296

【淳】

淳于難	2/78/1067		4/213/2764
		崔承福	2/73/1014

【崔】

			3/137/1784
崔　頵	5/262/3093		3/142/1926
崔　寓	3/142/1932		5/257/3044
崔安潛	1/5/166	崔　誠	5/230/2933
	1/48/556	崔　充	1/48/555·
	2/59/822		1/50/601
	2/76/1058		5/229/2927
	4/157/2189	崔匑言	3/140/1891
	5/222/2858	崔　揣	2/63/873
崔　黯	4/157/2186	崔　陲	4/163/2281
	4/158/2207	崔　從	1/7/206
	4/166/2340		1/48/548
	4/204/2679		1/51/625
崔伯陽	1/4/117		3/123/1622
	4/189/2493		4/205/2700
崔　操	3/137/1789		5/237/2980
	4/163/2288	崔　淙(崔琮)	
崔昌遐	4/198/2621		1/54/698
崔昌遠	2/68/968		3/148/2044
崔　焯	5/290/3185	崔　淙(崔宗)	
			1/4/122
			1/51/624

崔　寓（崔寓）

　　　　2/79/1090

　　　　2/79/1091

　　　　4/164/2296

崔大方　2/72/1002

崔大質　4/194/2557

崔　鄲　3/123/1625

　　　　4/156/2156

　　　　5/222/2853

崔　澹　2/74/1029

　　　　2/77/1063

崔道紀　3/149/2066

崔　鼎　3/144/1973

　　　　4/163/2281

崔敦禮　1/18/319

崔諤之　2/57/763

　　　　2/84/1174

崔　鄂　2/90/1272

崔　逢　3/152/2108

崔奉賢　3/136/1775

崔　福　2/84/1183

崔　復　4/207/2720

崔　幹　2/56/743

　　　　3/116/1541

崔　耿　2/68/965

　　　　3/152/2105

　　　　3/146/2013

　　　　4/193/2552

　　　　5/310/3239

崔公輔　5/238/2989

崔公禮　2/65/909

崔　恭　2/84/1182

　　　　3/139/1854

崔恭伯　3/153/2120

崔恭禮　1/10/235

　　　　2/73/1013

　　　　3/113/1517

崔　珙　1/2/51

　　　　1/5/160

　　　　1/5/162

　　　　1/48/553

　　　　2/64/900

　　　　2/65/919

　　　　4/174/2428

　　　　4/204/2679

　　　　5/257/3063

崔　碬　3/103/1401

　　　　5/263/3098

崔　琯　1/2/48

　　　　1/48/550

　　　　4/195/2588

　　　　4/205/2704

崔　瓘　4/166/2328

　　　　4/166/2329

崔　瓘（崔灌）

　　　　4/174/2422

　　　　4/174/2423

崔光緒　4/200/2634

崔光遠	1/1/22			1/50/590
	1/1/23			1/52/657
	1/1/23			1/53/678
	1/5/151			2/66/933
	1/48/536			2/80/1125
	2/55/725			2/84/1181
	3/98/1338			2/93/1295
	4/189/2495			3/100/1367
	5/222/2846			3/101/1378
崔　廣	5/226/2888			3/111/1492
崔　珪	1/52/645	崔　洪	2/61/859
	2/84/1176	崔　鴻	3/102/1390
	3/100/1363			3/102/1390
崔龜從	1/3/91	崔　護	1/2/47
	2/55/736			5/257/3063
	4/156/2156	崔　郇	1/2/52
	5/257/3065	崔　渙	3/138/1819
崔　袞	3/155/2135			3/141/1907
崔國輔	4/194/2559			3/148/2042
崔　罕	1/2/56			4/170/2383
	4/166/2341			5/227/2896
崔漢衡	2/81/1145			5/228/2907
崔　沆	4/158/2209	崔　暉	1/29/416
	4/171/2398			4/191/2529
崔　何	4/173/2411	崔　翬	2/68/966
崔弘道	2/75/1033	崔　渾	5/265/3105
崔弘禮	1/3/88	崔　佶	5/223/2865
	1/48/548	崔季康	2/90/1269
	1/48/549			3/112/1513

崔季重　2/67/949

崔　蒇　3/139/1857

崔　濟　3/149/2061

崔　瑊　2/78/1068

　　　　3/140/1872

崔　簡　4/169/2374

　　　　4/171/2395

崔　漸　3/111/1492

崔　皎　1/52/645

崔　較　1/49/572

　　　　2/91/1277

崔　結　5/290/3180

崔　碣　1/50/599

　　　　1/50/600

　　　　1/51/633

　　　　4/204/2679

崔　瑾　4/166/2343

崔進思　3/134/1757

崔　瑨　1/53/681

　　　　3/138/1828

崔　景(崔昊)

　　　　3/147/2023

　　　　5/226/2887

崔　儆?　4/168/2364

崔　憬　1/21/350

崔敬嗣　2/89/1245

　　　　4/197/2609

　　　　5/222/2833

崔敬一　5/249/3027

崔　涓　1/2/59

　　　　3/141/1919

　　　　4/195/2594

崔　均　1/9/230

崔君肅　4/189/2482

崔君裕　2/66/941

崔　鈞　3/139/1861

崔　鐯　1/2/62

　　　　3/127/1680

崔　侃　1/2/54

　　　　2/96/1311

崔克讓　2/81/1140

　　　　5/223/2862

崔　恪　3/108/1458

　　　　3/133/1749

崔客王　4/200/2631

崔　撰　3/133/1752

崔　琨　2/95/1306

崔　朗　1/4/133

崔　倰　1/50/590

　　　　3/148/2045

　　　　4/166/2335

崔　倰(崔稜)

　　　　1/5/158

　　　　3/139/1854

崔　蠡　1/3/92

　　　　1/54/703

　　　　2/66/935

　　　　2/76/1054

		4/164/2304
崔	理	4/160/2243
崔	勵	5/237/2981
崔	璙	4/164/2306
崔	琳(崔林)	
		2/79/1086
崔	璘	1/4/115
		3/98/1335
崔靈遇		2/60/841
崔令欽		4/201/2640
崔	論	1/4/120
		3/140/1877
		3/146/2008
		4/159/2220
		5/224/2871
崔	茂	4/163/2288
崔	密	5/277/3153
崔	沔	1/52/646
		3/98/1332
崔	邈	4/169/2370
崔民英		2/55/712
崔	敏	4/171/2395
		4/199/2626
崔敏殼		2/64/908
崔敏愍		1/3/100
崔	某	1/16/309
		1/50/588
		1/52/653
		2/58/801

		2/58/802
		2/69/984
		2/80/1132
		2/92/1292
		3/126/1667
		3/135/1772
		3/137/1794
		3/141/1917
		3/148/2048
		3/155/2136
		4/162/2267
		4/173/2414
		4/191/2533
		4/194/2560
		4/198/2619
		4/199/2627
		4/203/2664
		5/225/2880
		5/236/2972
		5/236/2972
		5/237/2979
		5/263/3098
		5/288/3171
崔	某?	3/140/1887
崔	某(霍某)	
		3/124/1630
崔	睦	2/80/1121
崔	穆	2/81/1145
		4/175/2440

崔　能　4/171/2396

　　　　4/158/2203

　　　　4/175/2442

　　　　5/225/2882

　　　　5/257/3062

崔　寧　1/8/222

　　　　5/223/2863

* 崔　寧　1/18/328

　　　　1/25/376

崔　寧（崔旰）

　　　　4/208/2727

　　　　5/222/2848

　　　　5/223/2863

　　　　5/241/3001

崔　凝　4/218/2800

崔　滂　4/214/2770

崔　芃　3/138/1825

　　　　4/157/2181

　　　　4/204/2676

崔　駢　1/8/226

　　　　2/84/1183

　　　　3/103/1402

　　　　3/104/1419

　　　　3/133/1751

崔　璞　1/4/133

　　　　3/139/1861

崔　朴　4/208/2729

崔　琪　3/143/1959

崔　杞　2/69/981

崔　器　1/13/268

崔乾祐　1/51/619

　　　　2/79/1089

崔　潛　2/75/1034

　　　　3/149/2058

崔　翹　1/48/534

　　　　1/52/647

　　　　2/57/765

崔　清　2/81/1146

　　　　3/127/1677

崔　球　1/52/645

　　　　2/66/926

　　　　2/69/974

崔　璆　3/142/1946

崔　戣　3/153/2121

崔　確　4/159/2214

崔　礭　1/15/289

崔　群　1/3/87

　　　　2/64/899

　　　　4/156/2154

　　　　4/166/2335

　　　　4/195/2587

崔　羣　1/51/632

　　　　1/51/633

崔仁師　5/235/2962

崔日用　1/1/13

　　　　1/1/14

　　　　1/1/15

　　　　1/54/690

	2/55/715	崔神福	4/195/2571
	2/69/972	崔神基	2/79/1082
	2/89/1247	崔神慶	2/77/1061
	3/123/1610		2/89/1240
	3/138/1815	崔審交	3/102/1388
	4/195/2573	崔慎微	4/194/2559
崔日用?	3/145/1989	崔慎先	2/56/747
崔日知	1/1/16		5/227/2896
	1/48/529	崔慎由	1/3/94
	1/49/570		2/79/1105
	2/86/1197		3/137/1803
	4/195/2573		4/166/2340
崔　戎	1/3/89		5/229/2925
	2/69/981	崔慎知	2/75/1035
崔　融	4/163/2276	崔　石	3/140/1882
	5/227/2894	崔　湜	1/3/71
崔善爲	1/51/607		1/4/110
	5/附/3314		4/189/2486
崔　鄯	3/141/1915	崔實成	5/228/2909
崔　尚	1/53/669	崔實成(崔貴成)	
崔　韶	3/144/1976		5/237/2980
	4/217/2793	崔士同	3/136/1778
崔　紹	2/66/928	崔世俊	1/5/139
	3/150/2073	崔世樞	1/51/606
	4/164/2307	崔　適	3/147/2028
崔　攝	3/106/1433		4/159/2225
崔　侁	3/124/1634		4/190/2520
崔　深	1/49/564	崔　壽	1/54/705
崔神鼎	2/63/873		3/146/2014

崔叔度　3/144/1969

崔叔獻　5/271/3118

崔　樞　3/111/1488

　　　　4/208/2722

　　　　4/208/2724

　　　　5/附/3303

崔　述　4/197/2613

崔　恕　5/265/3104

崔　順　3/120/1577

　　　　3/140/1868

　　　　4/220/2807

　　　　5/247/3021

　　　　5/附/3338

崔思默　3/103/1393

崔思約　3/126/1658

　　　　4/194/2556

　　　　4/212/2757

崔思貞　2/83/1166

崔嗣童　5/232/2947

崔泰之　2/75/1037

　　　　3/104/1411

　　　　3/110/1480

　　　　4/211/2751

　　　　5/229/2914

崔　曇　4/174/2421

崔　侗　2/85/1190

崔庭玉　3/107/1451

崔　玎　2/84/1185

崔　珽　4/218/2797

崔　頙（崔廷）

　　　　1/4/124

崔　同　2/73/1011

　　　　3/99/1346

崔　潼　3/148/2049

崔　彖　3/147/2034

崔　琬　1/4/113

　　　　1/11/247

崔　綰　1/15/293

崔萬善　4/216/2779

崔　微　4/211/2753

崔　偉　4/168/2363

崔　躭之　4/164/2294

崔溫之　4/190/2519

崔文操　2/57/761

崔文先　1/19/341

崔無詖　1/51/617

　　　　1/53/672

　　　　4/213/2763

崔希逸　1/39/463

　　　　1/49/574

　　　　1/51/616

　　　　1/53/670

　　　　3/141/1904

崔　俠　4/168/2363

崔　廈　3/128/1693

崔先意　4/190/2514

崔　咸　1/51/627

崔　訢　1/3/101

崔　信　3/125/1656
崔信明　1/52/638
　　　　4/209/2732
崔行成　4/164/2293
崔行集　5/242/3005
崔行檢　5/附/3356
崔行温　1/10/239
崔休徵　4/192/2545
崔　琇（崔秀）
　　　　1/5/149
崔　頊　4/212/2758
崔　頊?　4/214/2768
崔　潊　3/150/2070
崔　續　3/126/1670
崔宣道　2/89/1244
　　　　3/112/1501
崔　瑄　4/156/2159
崔玄弼　1/10/235
崔玄機　2/60/829
崔玄藉　4/214/2767
　　　　5/248/3025
　　　　5/259/3082
崔玄藉（崔玄籍）
　　　　2/92/1288
　　　　3/134/1756
　　　　4/163/2275
　　　　4/199/2623
　　　　4/208/2725
崔玄亮　2/58/799

　　　　2/68/965
　　　　2/71/1000
　　　　3/140/1886
　　　　3/148/2046
　　　　4/217/2793
崔玄亮（崔元亮）
　　　　5/226/2889
崔玄同　2/64/891
　　　　3/100/1362
崔玄暐　4/196/2601
　　　　4/205/2690
　　　　5/222/2834
崔玄信　5/310/3231
崔玄質　4/197/2609
崔　玹　4/156/2162
崔　鉉　1/51/629
　　　　2/79/1102
　　　　3/123/1625
　　　　4/189/2507
　　　　4/195/2592
崔　鉉?　4/195/2589
崔　恂　3/141/1904
崔　訓　5/248/3025
崔　巽　3/138/1818
　　　　3/139/1844
　　　　3/140/1876
崔　亞　5/226/2889
崔延朗　1/39/456
　　　　1/40/470

5/290/3178

崔　侑　4/209/2738

崔祐之　3/99/1349

崔　于　3/151/2091

崔　璵　2/79/1104

　　　　4/156/2158

崔　禹　1/8/223

崔　寓　4/156/2161

崔元方　3/136/1780

崔元方（崔元芳、崔元加）

　　　　3/147/2030

崔元獎　3/141/1900

崔元敬　3/126/1658

崔元略　1/2/44

　　　　1/2/44

　　　　1/2/46

　　　　1/48/549

　　　　2/57/775

　　　　4/164/2302

　　　　4/175/2443

崔元式　2/57/777

　　　　2/79/1102

　　　　2/90/1264

　　　　4/166/2338

崔元嗣　2/83/1166

崔元遜　3/108/1456

崔元譽　3/140/1871

崔元綜（崔元琮）

　　　　2/79/1084

崔　圓　1/48/536

　　　　1/52/649

　　　　2/84/1178

　　　　3/123/1617

　　　　5/222/2844

崔　遠　2/77/1065

　　　　5/257/3072

崔　芸　4/174/2428

崔芸卿　2/68/966

　　　　2/78/1071

　　　　3/134/1760

　　　　4/165/2318

　　　　4/174/2429

崔　璪　1/50/596

　　　　1/51/629

　　　　2/79/1103

崔　造　3/152/2102

　　　　4/161/2248

崔　澤　1/8/225

　　　　4/206/2717

崔　湛　3/130/1712

崔　昭　1/1/30

　　　　1/49/581

　　　　3/130/1714

　　　　3/130/1716

　　　　3/142/1936

　　　　3/144/1972

　　　　4/156/2148

　　　　4/157/2177

崔 珍 4/209/2734

崔貞簡 1/8/218

崔貞敏 1/7/200

崔知機 1/49/563

崔知溫 1/30/418

崔 直 5/263/3097

崔執柔 2/76/1056

崔 植 1/3/88

　　　 4/164/2302

　　　 5/257/3062

崔志廉 2/87/1219

　　　 3/98/1332

　　　 3/104/1412

　　　 4/189/2488

　　　 5/附/3300

崔智辨 1/34/437

崔智辨(崔智辯)

　　　 1/22/355

崔智辯 1/45/500

崔仲立 2/63/872

崔周衡 3/149/2066

崔 銖 2/67/953

　　　 3/135/1772

崔 祝 1/53/677

崔 壽 4/173/2416

崔 準 3/140/1891

　　　 4/156/2159

崔 倬 2/56/757

　　　 2/87/1223

崔 倬(崔焯)

　　　 5/300/3213

崔子伾 1/21/350

崔子儀 3/124/1632

　　　 4/210/2744

　　　 5/232/2947

崔子源 1/4/112

　　　 1/52/644

　　　 3/98/1331

崔 縱 1/1/33

　　　 1/48/541

　　　 1/49/584

崔遵義 3/102/1389

崔 傅 4/164/2295

崔佐時 5/236/2973

崔 作 5/237/2980

【達】

達奚撫 3/124/1636

達奚某 4/203/2655

　　　 5/244/3010

達奚守珪 5/245/3012

達奚恕 3/99/1346

　　　 3/140/1868

達奚珣 1/49/577

【戴】

戴奇光 4/218/2800

戴叔倫 4/160/2237

	4/200/2634
	5/300/3208
戴希謙	4/158/2197
戴休琔	2/59/812
	3/108/1458
戴休顏	1/7/202
	1/19/341
戴元祥	3/102/1381

【啖】

啖　異	4/213/2764

【党】

党敬元	2/67/955
党仁弘	1/51/605
	3/114/1526
	5/244/3008
	5/257/3042
党孝安?	3/145/1986

【鄧】

鄧　敞	4/162/2270
鄧承緒	5/附/3339
鄧處訥	4/166/2345
	4/172/2405
鄧　璠	4/163/2287
鄧　昌	3/98/1324
	3/107/1445
	3/121/1582

鄧弘慶	4/173/2408
	4/212/2757
鄧季筠	2/78/1072
鄧進思	4/165/2319
鄧進忠	4/165/2320
	4/167/2359
鄧景山	1/29/416
	1/39/466
	2/76/1049
	2/90/1255
	3/123/1617
鄧　某	3/110/1487
	5/222/2834
	5/291/3189
鄧　森	3/124/1632
鄧　珽	3/145/1993
鄧　溫	1/27/399
	1/45/500
	3/102/1385
	3/141/1900
鄧　武	2/73/1014
鄧武遷	3/131/1730
	3/139/1841
	3/140/1875
鄧玄挺	2/81/1136
	4/174/2420
鄧玄挺(鄧元挺)	
	3/130/1711
鄧　泳	3/113/1523

鄧　祐　5/310/3231

鄧　憚　1/52/641

【狄】

狄博濟　4/208/2728

狄光嗣　2/55/716

　　　　2/59/808

　　　　2/74/1026

　　　　3/102/1386

　　　　3/123/1611

　　　　4/181/2466

狄兼謨　1/48/552

　　　　1/53/679

　　　　2/66/935

　　　　2/90/1263

　　　　3/131/1734

　　　　3/139/1856

　　　　4/190/2523

狄仁傑　1/11/245

　　　　2/61/846

　　　　2/91/1277

　　　　3/98/1328

　　　　3/116/1543

　　　　4/194/2557

狄惟謙　2/80/1128

　　　　2/83/1165

狄孝緒　2/55/712

【第】

第五峰　3/144/1974

第五琦　1/1/27

　　　　1/1/28

　　　　3/140/1880

　　　　3/149/2058

　　　　4/159/2222

　　　　4/173/2410

　　　　4/202/2647

第五申　5/233/2955

【刁】

刁　緬　1/44/497

　　　　4/156/2165

【丁】

丁伯德（丁伯得）

　　　　5/附/3298

丁　琛　4/166/2342

丁從實　3/138/1831

丁公著　1/50/590

　　　　3/137/1799

　　　　3/142/1939

丁　會　1/52/661

　　　　2/86/1211

　　　　2/86/1212

　　　　5/附/3294

　　　　5/附/3295

　　　　5/附/3295

丁　立　4/172/2403

丁　俛　2/61/856

　　　　5/233/2956

　　　　5/235/2966

丁　某　2/56/759

丁　瓊　3/153/2115

丁叔則　2/63/870

丁　章　3/150/2074

【東】

東方逵　1/7/211

東武公　3/114/1533

東陽助（東鄉助）

　　　　4/195/2599

【董】

董寶亮　1/15/290

　　　　1/46/503

　　　　5/244/3008

董　昌　3/141/1921

　　　　3/142/1947

董昌齡　4/198/2620

　　　　5/290/3181

董承愿　4/162/2262

董　剛　2/95/1304

董　賡　3/144/1981

董和那蓬　5/251/3033

董和那屈寧　5/251/3033

董　恒　4/210/2745

董懷恩　5/255/3037

董寄生　4/199/2624

董嘉俊　5/256/3038

　　　　5/附/3363

董　玠　3/151/2081

董　晉　1/3/79

　　　　1/48/542

　　　　2/55/730

董俱悉凍　5/252/3034

董　婁　2/64/891

董　某　4/164/2296

董　弄（董弁）

　　　　5/243/3006

董叔經　1/2/40

　　　　2/84/1180

董思簡　2/61/850

董思賢　5/252/3034

董　琬　3/138/1818

董文昱　3/111/1489

董　溪　4/204/2677

董係比射　5/252/3034

董郤麴　5/242/3005

董彥弼（李彥弼、董從實）

　　　　5/300/3214

董晏立　5/256/3038

董　懿　5/251/3033

董元爽　2/72/1005

董元素　4/194/2563

董元智　5/253/3035

董　岳（黃岳）

　　　　4/168/2368

董　昭　1/38/451
董　振　5/256/3038
　　　　5/附/3363
董　鎮　4/163/2282
　　　　5/290/3176
董重質　1/16/308
　　　　1/19/342

【豆】

豆盧陳麟　1/3/76
　　　　3/140/1877
　　　　4/161/2247
豆盧光祚　1/8/218
　　　　1/9/230
　　　　1/10/237
豆盧懷讓　3/101/1371
豆盧籍　1/4/131
豆盧靖　4/210/2747
豆盧寬　2/91/1275
豆盧寬（盧寬）
　　　　1/5/138
豆盧靈昭　4/156/2143
豆盧某　3/145/1988
豆盧欽望　3/105/1424
　　　　3/142/1927
　　　　3/145/1988
豆盧仁業　1/28/410
豆盧署　3/146/2013
豆盧玄儼　4/213/2761

豆盧玄儼（盧玄儼）
　　　　4/159/2215
豆盧瓚　3/128/1691
豆盧志静　1/8/217
　　　　1/10/237

【竇】

竇　昂　4/206/2715
竇　常　4/158/2203
　　　　4/160/2240
　　　　4/173/2411
　　　　4/200/2636
竇承孝　4/198/2617
竇崇道　3/123/1615
竇　楚　3/140/1885
竇從昭　4/158/2197
竇　琮　2/81/1133
竇　誕　4/205/2686
竇德冲　1/51/607
竇德明　3/138/1810
　　　　5/314/3248
竇德宗　4/183/2470
竇奉節　1/27/399
竇　軌　1/27/395
　　　　1/49/559
　　　　4/205/2686
　　　　5/222/2824
竇弘餘　3/134/1759
　　　　3/144/1980

竇懷宣　4/157/2170

竇懷恪　1/27/400

　　　　3/123/1606

　　　　3/140/1870

竇懷亮　1/52/642

竇懷讓　2/71/997

　　　　3/110/1480

竇懷玉　3/145/1989

竇懷哲　1/12/255

　　　　1/39/458

　　　　2/69/970

　　　　2/91/1276

　　　　2/97/1314

竇懷貞　3/123/1608

　　　　3/142/1928

　　　　5/222/2835

竇懷貞(竇從一)

　　　　1/1/13

　　　　2/79/1083

竇　瀚　1/2/58

　　　　2/90/1269

竇　及(竇文舉)

　　　　2/96/1312

竇季安　3/140/1896

竇季爽　4/211/2756

竇季餘　5/241/3002

竇誠盈　2/76/1047

竇　璡　5/222/2823

竇　璟　1/2/59

　　　　2/79/1106

竇　璟?　1/7/210

竇　静　2/89/1234

　　　　2/89/1236

竇　静(竇靖)

　　　　1/16/299

竇　滴　1/2/60

　　　　2/79/1106

　　　　3/110/1486

　　　　4/156/2162

竇　滴(竇聿)

　　　　5/附/3354

竇　抗　1/4/102

竇靈獎　3/107/1455

竇履溫(竇履庭、竇履廷)

　　　　5/229/2915

竇履信　4/170/2382

竇　蒙?　5/310/3232

竇　泌　4/171/2393

竇　牟　2/87/1224

竇　某　3/134/1759

　　　　5/227/2899

　　　　5/263/3098

竇　滂　5/237/2982

竇普行　4/159/2214

竇　銓　2/57/766

竇　群　4/166/2334

　　　　4/175/2442

　　　　4/191/2530

竇　顒　4/160/2244

竇有意　5/附/3288

竇　覬　1/4/121

　　　　1/8/223

　　　　3/123/1619

竇　彧　3/129/1702

竇　昱　4/192/2545

竇　惲　1/5/141

竇　瓚　4/170/2381

竇志寂　3/137/1784

竇智純　2/79/1080

　　　　4/211/2750

竇智圓　4/211/2751

竇　僎　5/225/2879

竇　總　2/84/1173

【獨】

獨孤册　4/189/2489

獨孤昌　2/74/1026

獨孤徹　3/100/1354

獨孤諶　2/74/1025

獨孤充忠　5/223/2863

獨孤達（獨孤僧達）

　　　　1/42/480

獨孤氾　3/144/1973

　　　　3/147/2028

獨孤華　2/64/896

獨孤懷恩　5/附/3315

獨孤機　3/109/1462

獨孤及　3/127/1674

　　　　3/128/1686

　　　　3/138/1820

獨孤敬同　3/99/1348

獨孤峻　2/60/834

　　　　3/142/1933

獨孤開遠　1/6/168

　　　　　1/28/409

　　　　　2/79/1077

　　　　　2/88/1229

獨孤朗　3/151/2088

　　　　5/258/3079

　　　　5/277/3153

獨孤良器　4/210/2746

獨孤霖　4/156/2161

獨孤邁　3/140/1886

　　　　3/147/2031

　　　　3/148/2047

　　　　5/265/3104

獨孤密　2/72/1006

　　　　2/97/1316

　　　　4/204/2678

獨孤恒　4/171/2392

獨孤某　5/290/3176

獨孤訥　5/275/3128

獨孤卿雲（獨孤雲卿）

　　　　4/195/2568

獨孤仁政　2/69/972

獨孤晟　4/202/2645

獨孤思行　1/29/414

　　　　　4/180/2463

　　　　　4/209/2734

　　　　　4/211/2751

獨孤思莊　3/98/1328

　　　　　3/100/1359

獨孤思莊(獨孤莊)

　　　　　3/112/1500

　　　　　3/114/1529

獨孤損　1/2/61

　　　　3/111/1495

　　　　5/310/3243

獨孤騰雲(獨孤滕雲)

　　　　　4/195/2568

獨孤騰雲(李騰雲)

　　　　　5/241/3001

　　　　　5/257/3043

獨孤問俗　3/130/1715

　　　　　3/140/1878

　　　　　3/143/1951

　　　　　4/164/2298

　　　　　4/166/2329

獨孤晞　3/152/2100

獨孤先　2/80/1132

獨孤修德(獨孤德)

　　　　　1/4/102

獨孤修德(獨孤修)

　　　　　3/112/1496

獨孤修法　4/210/2742

獨孤炫　1/15/292

　　　　4/214/2768

　　　　5/223/2862

　　　　5/228/2907

獨孤延壽　2/87/1214

　　　　　3/140/1869

　　　　　4/220/2807

獨孤彦雲　3/116/1540

獨孤義恭　2/84/1169

　　　　　3/145/1986

　　　　　4/199/2623

　　　　　5/附/3359

獨孤義順　1/39/454

　　　　　3/141/1898

　　　　　5/235/2962

　　　　　5/附/3316

獨孤雲　1/27/406

　　　　4/157/2189

　　　　5/229/2926

獨孤允　2/60/835

獨孤禎　4/158/2196

獨孤莊　4/176/2451

【杜】

杜愛同　3/113/1517

杜安期　2/63/871

杜　敖　3/105/1423

杜寶符　4/194/2562

杜　俾　3/113/1521

杜賓客	1/18/322	杜德裕	3/116/1563
	1/18/322	杜德致	5/226/2885
杜才幹	2/57/760	杜伏威	3/126/1657
	2/67/945		5/附/3333
杜 倉	4/208/2730	杜 岡	5/238/2990
杜崇胤	1/28/409		5/239/2994
杜楚臣	1/43/488	杜 羔	1/25/380
杜楚客	2/79/1077	杜 肱	3/152/2107
	3/114/1526	杜 恭	3/140/1869
杜 春	4/162/2264	杜 構	2/82/1152
	5/290/3177	杜 琯	4/163/2288
杜從則	2/79/1083	杜瓌之	3/124/1631
杜從政	1/25/377	杜 洪	4/164/2308
杜 悰	1/2/48		4/165/2319
	1/5/159	杜鴻漸	1/39/466
	1/5/163		1/48/538
	1/5/164		3/140/1877
	1/48/553		3/142/1934
	2/59/818		4/195/2581
	2/59/818		5/222/2848
	3/123/1624	杜懷寶	1/46/503
	3/123/1625		1/46/504
	4/174/2427		1/47/514
	4/195/2592	杜黃裳	1/49/584
	4/195/2593		2/79/1096
	5/222/2855	杜黃中	4/198/2619
	5/229/2924	杜 晦(杜巫)	
杜 悰(杜琮)			4/204/2682
	5/222/2854	杜 濟	1/1/31

　　　　3/141/1910
　　　　5/227/2899
　　　　5/229/2918
　　　　5/230/2935
杜　兼　1/50/586
　　　　3/127/1676
　　　　3/139/1852
　　　　4/204/2676
杜景儉（杜景佺）
　　　　2/89/1242
　　　　4/185/2473
杜　舉　1/38/450
　　　　4/186/2474
　　　　5/附/3277
杜　舉（杜鳳舉）
　　　　1/31/421
　　　　2/93/1294
杜君綽　4/195/2568
杜昆吾　1/8/219
杜　稜　3/138/1832
杜令昭　2/72/1004
杜　隆　4/195/2566
杜　倫　4/174/2425
杜　冕　1/7/200
　　　　1/8/221
杜　敏　3/131/1731
杜　某　1/54/687
　　　　3/100/1356
　　　　3/129/1695

　　　　3/136/1779
　　　　4/160/2240
　　　　4/163/2275
　　　　4/202/2648
杜　某？　4/161/2252
杜　牧　3/134/1759
　　　　3/140/1890
　　　　3/147/2034
　　　　5/附/3352
杜鵬舉　3/135/1766
杜　確　1/4/123
　　　　2/79/1096
杜讓能　5/278/3157
杜仁則　1/35/442
杜儒童　1/3/70
杜孺休　3/139/1864
　　　　3/140/1893
　　　　3/140/1894
杜善賢　5/227/2893
杜審權　1/51/631
　　　　2/59/822
　　　　2/79/1105
　　　　3/137/1804
　　　　4/157/2192
杜慎行　4/195/2571
　　　　5/222/2831
杜　勝　2/66/938
　　　　3/141/1918
杜師仁　4/162/2268

	4/165/2317
	4/192/2543
杜式方	5/275/3139
杜　收	3/129/1702
杜叔近	2/82/1156
杜叔良	1/18/331
	3/109/1470
	4/199/2627
杜嗣及	2/76/1041
杜嗣先	2/64/889
杜　隋(杜随)	
	4/217/2791
杜　慆	2/57/779
	2/65/920
杜庭堅	3/101/1379
杜庭誠	3/138/1818
	3/142/1932
杜望之	4/185/2473
杜惟孝	2/65/911
杜　位	3/140/1878
	5/264/3101
杜文紀	4/160/2232
	5/222/2826
	5/271/3118
杜無忝	5/229/2913
杜　武	5/235/2967
杜希全	1/18/328
	1/18/329
杜希望	1/31/427

	2/84/1176
	2/91/1278
	3/106/1434
	3/106/1435
杜　暹	1/47/517
	2/89/1249
	3/98/1333
	4/195/2576
杜　暹?	1/46/508
杜　咸	1/39/463
杜賢意	4/221/2819
杜孝獎	4/160/2232
杜　信	3/141/1913
杜行敏	3/138/1812
	4/195/2569
	4/214/2767
	5/222/2830
杜　雄	3/144/1983
杜休纂	2/74/1026
杜宣猷	3/151/2092
	4/156/2160
杜　亞	1/48/541
	1/51/620
	2/79/1093
	3/123/1619
	3/147/2028
	4/157/2177
杜彥光	1/19/341
杜彥光(杜彥先)	

1/19/341

杜由□ 5/269/3113

杜有遷 5/235/2967

杜　佑 1/51/622

　　　 3/139/1849

　　　 4/159/2223

　　　 4/160/2237

　　　 5/257/3058

　　　 5/300/3206

杜　佑（杜祐）

　　　 3/123/1619

杜元辿 4/197/2610

杜元景 2/71/997

杜元侃 1/8/226

杜元穎 4/172/2404

　　　 5/222/2851

　　　 5/258/3079

杜元志 3/131/1729

　　　 3/141/1904

杜　蘊 4/166/2341

杜　愷 3/131/1735

　　　 4/158/2206

　　　 5/附/3353

杜真符 1/53/683

杜正倫 2/95/1305

　　　 4/159/2215

　　　 4/193/2546

　　　 5/293/3191

　　　 5/310/3229

5/附/3287

杜之亮 3/134/1755

杜之松 2/59/804

　　　 5/附/3314

杜知謙 3/103/1395

杜　陟 3/141/1912

杜中立 3/109/1473

杜子遷 2/63/882

　　　 3/141/1916

　　　 4/175/2445

　　　 4/204/2680

　　　 5/223/2866

杜宗之 5/附/3346

【段】

段百倫（段伯倫）

　　　 3/151/2089

段寶玄 1/49/562

　　　 3/142/1925

段成式 3/149/2064

　　　 4/158/2208

　　　 4/162/2270

段崇簡 1/6/173

　　　 1/14/286

　　　 1/53/671

　　　 2/91/1277

　　　 3/101/1376

　　　 3/108/1458

段崇簡（段憕）

	3/112/1503	段文楚	1/22/361
段大師	5/附/3297		2/97/1318
段德操	1/10/233		5/290/3182
段諤	5/234/2960		5/290/3183
	5/259/3083	段孝叡	1/49/561
	5/附/3364	段秀實	1/6/175
段高	3/129/1695		1/13/269
段懷本	1/7/200		1/13/270
	4/220/2809		1/52/648
段懷簡	1/8/218		1/53/674
段懷然	3/144/1970		2/90/1257
段會	2/84/1169	段偃師	4/193/2546
段綸	2/79/1076	段彥謨	4/173/2416
	5/222/2823		4/195/2595
	5/附/3288	段巖	1/8/225
段憑	5/245/3011		2/57/775
段奇	1/8/220	段逸	4/157/2192
段琦	1/12/260	段祐(段佑)	
段慶	3/150/2073		1/13/272
段慶瑀	3/105/1427	段釗?	5/250/3031
段師濬	1/15/290	段志玄	1/14/282
段嗣道	4/204/2669		4/203/2656
段嗣元	1/53/666	段子英	1/8/227
段同泰	3/139/1841	段子璋	5/229/2916
段威	2/96/1313		5/246/3018
段文昌	3/123/1622		
	4/195/2588	【爾】	
	5/222/2851		
	5/222/2852	爾朱義琛	3/112/1498
			3/133/1747

爾朱義琛(爾朱儀深)

    2/85/1186

爾朱義玄 1/20/347

【樊】

樊　憕 5/225/2878

樊伯通 5/240/2996

樊　忱 1/3/72

樊　弘 4/203/2657

樊　晃 3/137/1795

    3/154/2125

樊季節 3/129/1697

樊　侃 5/234/2959

樊　某 3/106/1433

    5/250/3031

樊思孝 2/63/872

樊文器 4/163/2276

樊　系 3/127/1676

    3/140/1880

樊　馴 2/78/1071

樊　澤 4/189/2497

    4/189/2498

    4/195/2584

樊宗諒 2/71/1000

樊宗師 2/80/1126

    5/227/2901

樊　綜 3/152/2106

【范】

范傳正 3/139/1853

    3/140/1884

    3/148/2045

    4/156/2152

范冬芬 2/65/915

    4/156/2144

范弘頤 3/99/1350

范　暉 3/151/2095

范居實 2/78/1072

*范居實 4/179/2462

范味虛 4/181/2466

范希朝 1/11/248

    1/18/330

    1/25/378

    2/90/1259

范陽君 2/56/753

范　勛 3/145/1994

【方】

方處嵩 5/279/3158

方　亮 3/129/1695

方叔述(方取述)

    3/151/2076

方永珍 3/146/2016

【房】

房　誕 4/216/2786

房當樹 5/附/3285

房　琯 1/5/150

    1/6/173

　　　　　　2/70/991

　　　　　　2/81/1141

　　　　　　3/100/1365

　　　　　　4/163/2278

　　　　　　5/223/2863

房光庭　　2/82/1154

　　　　　　3/106/1433

房　環　　3/144/1963

房　渙　　4/207/2720

　　　　　　5/233/2953

房　晃　　3/100/1353

房　濟　　3/125/1652

　　　　　　5/300/3209

房克讓　　3/132/1741

房茂長　　4/204/2675

房　某　　5/223/2862

房　凝　　4/193/2551

房　啓　　5/275/3138

　　　　　　5/300/3209

房千里　　5/270/3116

房仁裕　　1/7/194

　　　　　　1/8/215

　　　　　　1/27/397

　　　　　　1/51/607

　　　　　　1/53/664

　　　　　　2/87/1215

　　　　　　3/123/1603

　　　　　　5/附/3277

　　　　　　5/附/3361

房仁裕?　　3/103/1392

房孺復　　3/141/1911

　　　　　　4/178/2459

　　　　　　5/300/3208

房士彦　　4/162/2269

房　式　　1/50/587

　　　　　　1/51/624

　　　　　　4/156/2152

　　　　　　4/202/2649

　　　　　　5/225/2882

房　挺　　3/138/1826

房　武　　4/176/2452

房先質　　3/107/1448

房先忠　　2/56/744

房玄静　　1/13/266

　　　　　　2/83/1162

　　　　　　5/233/2953

　　　　　　5/235/2964

房玄齡　　2/56/743

房遺愛　　4/197/2608

房遺義　　5/附/3288

房遺直　　2/55/712

　　　　　　2/83/1161

房穎叔　　3/100/1359

房　崱　　4/173/2407

　　　　　　5/附/3360

【費】

費　存　　4/215/2778

費　曜　2/85/1186

費胤斌　4/178/2456

　　　　4/214/2767

【封】

封安壽　3/127/1671

　　　　3/140/1869

封　敖　2/76/1056

　　　　4/205/2705

　　　　5/附/3351

封常清　1/46/511

　　　　1/47/519

　　　　3/116/1552

封道弘　2/58/784

　　　　4/189/2484

封　漸　4/159/2221

封踐福　3/134/1757

封　亮　3/141/1913

封　某　2/73/1015

　　　　3/139/1844

　　　　4/158/2198

　　　　4/176/2451

封全禎　2/87/1218

　　　　3/149/2055

　　　　4/189/2487

封全禎(封令禎)

　　　　3/138/1815

封守靜　4/219/2804

封叔廉　3/132/1738

封思業　3/116/1545

封同人　5/附/3317

封無待　4/190/2515

封言道　1/54/687

　　　　2/55/712

　　　　2/56/743

　　　　2/74/1024

封　演　3/103/1399

封彥卿　3/144/1982

封　議　3/143/1950

　　　　4/213/2763

　　　　4/215/2775

　　　　4/216/2782

封　載　5/230/2937

【馮】

馮　盎　5/270/3115

馮　霸　2/86/1210

馮長命　1/5/139

　　　　3/123/1602

馮大恩　3/142/1925

馮　定　4/193/2552

馮　恭　4/203/2665

馮古璞　5/275/3133

馮光嗣　2/73/1017

　　　　3/134/1757

馮　袞　3/139/1862

馮河清　1/13/271

馮弘鐸　2/64/907

	5/附/3336	馮若芳	3/153/2112
馮嘉勛	4/215/2778	馮若芳	5/328/3268
馮　緘	1/2/59	馮少師	2/76/1040
	1/50/601	馮　審	5/275/3142
	1/53/682	馮士翽	5/261/3091
馮敬言	3/153/2112		5/273/3123

馮敬章（馮行章）

3/131/1736

馮士翽（馮士歲）

5/298/3198

馮　囧	2/70/989	馮守忠	5/236/2970
馮　涓	5/226/2890	馮順政	5/268/3110
馮君衡	5/257/3046		5/299/3199
馮　伉	1/4/124	馮□思	5/268/3111
馮　立	5/257/3042	馮　宿	1/3/87
馮　臨	3/147/2025		1/50/591
馮　某	1/54/687		3/148/2046
	2/65/913		5/229/2923
	2/80/1124	馮行襲	2/59/825
	3/105/1426		4/196/2605
	3/147/2031		4/196/2606
	5/299/3200		4/203/2664

馮　某（高某）

5/263/3097

			4/203/2665
			4/209/2741
馮　怦	5/附/3316	馮　叙	4/171/2395
馮　彭	5/231/2944	馮　緒	5/294/3193

馮　騫（馮塞）

2/84/1173

		馮　芄	4/165/2317
馮　慶	5/238/2985	馮　嚴	3/147/2036
馮仁□	2/85/1189	馮　義	3/105/1424

馮仁知（馮仁智）

馮元常　1/15/291

5/226/2886

5/257/3044

馮 藻 4/198/2621

馮昭泰 3/103/1396

　　　 3/147/2020

　　　 3/149/2054

　　　 4/164/2293

馮智玳 5/299/3199

馮智戴 5/268/3110

　　　 5/269/3113

馮智㦬 5/270/3115

馮智彧 5/321/3258

馮子遊 5/268/3111

馮子猷 5/299/3200

【夫】

夫蒙靈詧 1/46/510

【伏】

伏 德 2/75/1033

【苻】

苻 澈 1/6/183

苻 澈(苻澈)

　　　 2/90/1263

苻敬超 3/104/1415

苻遷敵?(苻子珪?)

　　　 4/203/2666

【符】

符存審(李存審)

2/93/1297

符道昭 1/27/407

　　　 4/214/2773

符道昭(李繼遠)

　　　 1/15/298

符 某 3/117/1565

【輔】

輔良交 5/310/3233

【傅】

傅德昭 5/298/3198

傅公和 3/110/1487

傅黄中 3/151/2079

傅良弼 1/16/308

　　　 1/19/342

　　　 1/53/678

　　　 2/70/993

　　　 2/73/1020

　　　 3/109/1471

傅孟恭 1/21/352

傅 耆 5/235/2964

傅 瑶 2/85/1191

　　　 2/91/1284

傅 毅 1/7/208

　　　 3/109/1472

　　　 3/112/1509

【蓋】

蓋嘉運 1/31/427

		高承簡	1/6/181
	1/39/464		2/56/756
	1/46/510		2/57/773
	1/47/518		2/69/979
蓋巨源	5/241/3003		3/103/1401
蓋思貴	1/36/446		5/附/3304
蓋彥舉	4/158/2193	高承義	2/68/963
蓋　寓	2/94/1302	高承宗	2/64/896
*蓋　寓	5/300/3213	高　懲	2/63/875
蓋　璋	2/85/1191		2/68/961
			2/83/1163
【甘】			2/86/1197
			2/87/1218
甘元柬	4/206/2713		3/114/1530
甘元琰	4/179/2461	高崇德	1/10/237
	4/197/2610	高崇文	1/6/179
			5/222/2850
【高】			5/229/2920
		高德武	3/122/1593
高　霸	4/158/2210	高　璠	3/151/2081
高寶元	3/122/1593	高　固	1/6/179
高表仁	1/10/233	高光復	4/194/2557
	1/13/263	高　弘	1/25/383
	5/264/3100	高弘本	4/161/2251
	5/附/3287	高弘諒	4/203/2659
	5/附/3332	高宏本	4/169/2374
高　藏	3/122/1593	高　厚	4/163/2286
高承恭	1/6/184	高淮達	1/27/404
	1/25/383	高　晃	1/54/695
	2/69/982		
	3/130/1722		
	5/290/3181		

高　暉　1/13/268

高　鞏　5/257/3064

高惠恭　4/214/2768

高季昌　4/195/2598

高季通　2/58/783

高季興　5/附/3309

高季興（高季昌）

　　　　2/56/758

　　　　2/62/869

高繼之　3/144/1970

高　傑　5/308/3225

高敬言　2/58/785

　　　　2/59/805

　　　　4/217/2788

　　　　5/附/3287

高開道（李開道）

　　　　2/92/1286

高　鍇　4/164/2304

高　侃（高偘）

　　　　3/121/1585

　　　　3/122/1593

高寬仁　3/151/2083

高　澧　3/140/1895

高　利　3/124/1633

　　　　3/127/1673

高履行　1/1/6

　　　　4/171/2390

　　　　5/222/2828

高履行（高慜）

　　　　2/57/761

　　　　4/157/2169

高羅鋭　3/124/1642

高滿政　2/96/1309

高茂卿　4/157/2190

　　　　5/310/3242

高　枚　5/262/3094

＊高明應　2/64/896

高　某　1/45/500

　　　　3/117/1568

　　　　3/134/1756

　　　　4/180/2464

　　　　5/236/2970

　　　　5/附/3345

高　沐　2/67/952

　　　　2/77/1064

高　駢　1/27/405

　　　　2/66/940

　　　　3/123/1627

　　　　3/137/1805

　　　　4/195/2594

　　　　5/222/2858

　　　　5/310/3241

　　　　5/310/3242

高　憑　2/68/963

高　秦　5/300/3212

高　璩　5/229/2926

高仁厚　5/226/2889

　　　　5/229/2928

高仁裕	3/124/1643		高　爽	1/11/252
高榮朝	2/97/1316			4/217/2795
高榮朗	4/195/2599		高　泰	4/175/2447
高　叡	3/105/1424		高　途	2/56/758
	5/275/3129		高文集	2/96/1313
高少逸	1/3/94		高武光	2/79/1092
	1/51/631			2/80/1120
高　劭	1/3/99			2/80/1121
	2/63/884			2/81/1142
高　紹	4/204/2670			2/81/1142
高審行	1/1/9			4/205/2695
	4/220/2808			4/206/2714
高　昇	1/5/152		高　惜	3/152/2110
	1/31/429		高錫望	3/125/1655
高　湜	2/86/1207		高霞寓	3/117/1567
	2/86/1207			3/118/1572
	3/140/1892		高霞寓	1/6/181
高　實	2/64/908			1/16/308
高士廉	3/133/1746			1/22/359
	3/135/1763			1/25/380
高士廉（高儉、高宗儉）				4/169/2375
	5/222/2826			4/191/2531
高士榮	2/73/1019			4/199/2626
高　適	3/123/1616			5/224/2873
	5/222/2847		高仙芝	1/39/465
	5/224/2871			1/46/511
	5/225/2880		高　賢	1/46/503
高　曙	2/78/1069		高　湘	4/157/2189
高　述	3/113/1523			4/169/2377

高 湘? 5/270/3116

高 熊 3/126/1666

高秀巖 2/90/1254

2/97/1315

3/119/1574

高玄景 2/70/990

高 詢 4/191/2527

高 潯 1/51/634

2/86/1208

5/310/3242

高 彦 4/181/2467

高 彦（高瑰）

3/140/1895

高彦昭 2/62/866

2/67/951

高 釱 1/4/128

高 嶧 3/129/1697

高 郢 1/3/82

高 漠 3/128/1692

高 瑀 2/59/817

2/59/818

2/60/838

2/61/856

2/64/900

高 昱 2/56/745

高 裕 5/285/3164

高 豫 3/112/1502

高元彧 4/165/2310

高元裕 1/2/52

4/156/2157

4/189/2505

4/216/2785

高 量? 5/257/3057

高擇言 3/144/1965

3/147/2018

高甑生 1/35/441

4/208/2723

高真行 3/147/2018

高正臣 4/189/2485

高正平 5/310/3234

高 証 2/62/866

4/196/2604

高智静 4/174/2421

5/234/2959

高智周 3/130/1710

高仲舒 2/73/1016

高 重 1/4/127

4/164/2304

4/166/2337

高 銖 1/50/594

2/57/776

2/59/820

3/142/1941

高 柷 5/227/2903

【郜】

郜弘基 1/51/611

郜元暕 1/12/257

4/207/2719

【紇】

紇干泉　1/3/94
　　　　4/157/2185
　　　　5/257/3066
　　　　5/附/3290

【哥】

哥舒翰　1/31/428
　　　　1/39/465
哥舒晃　5/259/3083
哥舒某　3/142/1924
哥舒曜　1/48/540
　　　　1/49/583
哥舒曄　1/12/260

【葛】

葛從周　1/52/661
　　　　2/68/967
　　　　2/69/986
　　　　2/86/1210
　　　　3/103/1405
　　　　5/附/3308
葛　維　5/319/3256
葛　佐　4/209/2739

【耿】

耿　靜　3/112/1497

耿仁忠　5/257/3050
　　　　5/303/3218
耿慎惑　5/300/3204
耿宗倚　3/118/1573

【弓】

弓彭祖　2/79/1081
　　　　3/123/1605
弓義之（弓義）
　　　　3/110/1479
弓志弘　2/60/829
弓志元　3/100/1358

【公】

公士尉　1/20/346
公孫亮　4/167/2348
公孫欽　4/204/2682
　　　　4/209/2741
公孫思觀　1/32/432
公孫武達　1/41/475
公孫雅靖　1/46/505
公孫彥藻　4/210/2749

【鞏】

鞏　寧　5/附/3315

【谷】

谷從政　3/112/1506

【顧】

顧德昇　4/197/2614

顧　浚（顧俊）
　　　　3/134/1758
顧全武　3/146/2015
顧少連　1/1/36
　　　　1/48/542
顧彦暉　5/223/2867
　　　　5/229/2928
顧彦朗　5/229/2928
顧　纘　2/66/943

【關】

關　播　2/79/1094
　　　　3/125/1651
關長信　3/151/2077

【管】

管崇嗣　1/33/435
管崇嗣（菅崇嗣）
　　　　2/90/1255
管　某　3/121/1584
管元惠　3/118/1570
　　　　3/151/2080
　　　　5/290/3175

【光】

光楚客　5/262/3092
　　　　5/275/3131
　　　　5/290/3175
　　　　5/300/3203

5/310/3231

【歸】

歸仁晦　2/55/739
歸　融　1/2/51
　　　　4/205/2704
　　　　5/229/2923

【桂】

桂仲武　3/135/1771
　　　　3/151/2089
　　　　4/191/2532
　　　　5/300/3210
　　　　5/310/3236
　　　　5/310/3237

【郭】

郭　琮　2/67/953
郭　磻　1/28/412
郭　岑　2/66/929
郭　昶　1/12/256
郭承嘏　1/3/91
郭　澄　1/7/194
　　　　1/8/215
　　　　1/9/228
　　　　1/10/234
　　　　1/12/254
　　　　1/13/263
　　　　1/16/300

郭　崇　2/60/833

郭崇禮　2/75/1037

郭崇默　4/189/2490

郭　詞　2/68/967

郭待舉　4/165/2311

郭待聘　2/56/746

郭道瑜　3/132/1745

郭　瑤　2/61/859

郭封穎　5/235/2967

郭　鋒　5/附/3282

郭　符　3/144/1973

郭福善　5/222/2827

郭福始　1/17/313

郭　鋼　1/22/358

郭廣敬(郭廣慶)

　　　　2/83/1161

郭　恒　5/250/3030

郭弘道　1/4/102

郭弘業　4/206/2717

郭　淮　5/228/2911

郭　懷　1/6/190

郭　渙　5/234/2961

郭　江　5/260/3090

郭敬之　1/17/315

　　　　1/29/415

　　　　2/65/914

　　　　3/130/1713

　　　　4/162/2260

　　　　5/249/3027

　　　　5/275/3132

郭敬宗　2/67/946

　　　　2/71/997

　　　　2/75/1036

郭　炯　4/167/2356

郭　矑　4/208/2729

　　　　4/210/2748

郭茂貞　3/148/2041

郭　旼　1/6/183

郭明蕭　3/113/1520

郭　某　1/3/76

　　　　1/19/340

　　　　2/65/912

　　　　3/111/1490

　　　　4/204/2682

　　　　5/228/2907

　　　　5/235/2964

　　　　5/293/3191

郭　某?　3/112/1497

郭　納　2/55/723

郭南金　4/169/2372

　　　　4/198/2617

郭　珮　4/210/2749

郭齊宗　1/52/639

　　　　3/142/1927

郭虔瓘　1/39/460

　　　　1/46/506

　　　　1/47/516

　　　　1/47/516

郭虔友　4/219/2803

郭　勤　3/140/1890

郭　瓊　4/219/2805

　　　　5/248/3026

郭　詮　3/144/1979

郭　銓　2/64/904

郭　饒　2/68/967

郭山惲　2/70/990

　　　　3/149/2055

郭善愛（郭愛）

　　　　2/75/1037

郭紹賓　2/68/967

郭紹宗　2/64/889

郭神會　5/266/3106

郭時英　5/230/2933

郭　順　5/299/3201

郭味丘　3/133/1749

郭　邁　1/8/226

郭　握　2/83/1165

郭襲慶　3/144/1966

郭仙芝　4/199/2625

郭獻璆　3/105/1426

郭孝恪　1/13/263

　　　　1/39/455

　　　　1/45/499

　　　　1/46/502

　　　　2/56/742

　　　　3/102/1382

　　　　3/105/1422

　　　　4/158/2194

郭　昕　1/46/512

郭行方　5/222/2825

郭行餘　1/6/183

　　　　1/54/702

　　　　3/124/1638

郭虛己　5/222/2842

郭　叙?　3/144/1972

郭　言　5/附/3308

郭　彥　5/227/2900

郭依仁　2/85/1187

郭英乂　1/5/150

　　　　1/27/403

　　　　1/31/429

　　　　1/48/537

　　　　1/49/579

　　　　1/51/620

郭英萼　2/88/1231

郭英幹　4/220/2810

郭英乂（郭英儀）

　　　　5/222/2847

郭英翰　3/144/1971

郭英奇　1/19/340

　　　　1/22/357

　　　　1/24/369

　　　　1/34/438

郭幼賢　1/25/375

郭元景　4/219/2803

郭元振　1/39/459

		1/46/505			1/22/357
郭	圓	2/65/920			1/25/376
郭	璋	1/4/134			1/26/390
郭	釗	1/6/180			1/48/536
		1/52/656			2/79/1092
		2/79/1098			2/97/1315
		5/222/2852	*郭子儀		1/8/220
		5/229/2922			1/18/327
郭	珍	4/163/2289			2/79/1092
		5/275/3149	郭宗元		4/207/2721
郭振武		3/116/1540	郭佐殷		5/228/2911
郭正一		1/51/610			
		2/81/1136	【國】		
郭知微		5/265/3105	國	湘	4/190/2525
郭知運		1/31/424			
		1/39/461	【韓】		
		1/44/495			
郭志安(郭士安)			韓	乂	1/50/599
		5/附/3299			4/192/2544
郭仲武		4/173/2414	韓	貴	3/137/1794
郭子暅		1/8/222	韓	邲	3/139/1866
郭子昂		2/92/1289	韓	賓	2/63/882
		3/104/1415			3/144/1979
郭子賤		2/79/1109	韓	察	3/143/1954
郭子武		2/86/1192	韓	常	4/165/2317
郭子儀		1/6/174	韓朝宗		1/1/20
		1/6/175			1/49/576
		1/18/325			2/59/810
		1/18/326			2/79/1087
					2/87/1220

4/157/2172

4/189/2489

4/195/2577

4/205/2692

韩 澄 3/101/1377

5/231/2942

韩 澄（韩潭）

5/240/2997

韩 充 2/55/732

2/57/773

韩 充（韩璀）

1/7/206

韩 㑊 4/174/2427

5/275/3142

韩 琮 1/48/557

4/166/2341

韩 符 4/180/2463

韩 复 4/209/2739

韩 皋 1/1/36

1/48/544

1/48/547

2/59/815

3/137/1798

3/141/1912

4/164/2300

韩公武 1/7/205

韩光祚 4/213/2763

韩劌东 5/323/3261

韩国昌 3/102/1391

韩 弘 2/55/731

2/79/1098

韩 洓 5/233/2954

韩 洪 4/189/2493

韩 滉 2/81/1143

3/137/1796

3/139/1848

4/210/2746

韩 泂 1/1/34

3/147/2026

5/225/2881

韩 会 5/258/3076

韩 简 3/98/1343

韩 建 1/2/64

1/2/65

1/3/99

2/60/840

2/76/1059

*韩 建 1/4/135

韩 憬 2/63/882

韩君祐 4/221/2819

韩 晙 5/238/2986

韩 逑 2/91/1284

韩令英 2/63/874

韩 伦 2/63/871

韩 某 1/18/337

1/41/477

3/100/1368

4/172/2402

韓　玭	3/152/2101	
韓　琦	2/60/831	
韓清沔(蘇清沔)		
	1/15/295	
韓　衢	3/153/2118	
	4/162/2266	
韓全義	1/16/306	
韓　閏	4/193/2554	
韓　紹	5/328/3268	
韓師德	4/165/2319	
韓師德(韓德師)		
	4/162/2271	
韓世恭	3/140/1868	
韓守威	3/140/1895	
	5/附/3355	
韓　述	4/173/2414	
	4/216/2784	
韓思乂	2/91/1281	
韓思復	1/7/198	
	2/80/1117	
	3/110/1481	
	3/125/1648	
	4/189/2486	
	4/189/2488	
韓　泰	3/138/1827	
	3/140/1887	
	3/147/2032	
	3/155/2132	
	4/160/2239	

	4/168/2367	
	4/169/2373	
韓　潭	1/16/305	
韓　威	1/44/494	
	2/61/857	
	3/111/1493	
	3/112/1510	
	5/247/3022	
	5/310/3238	
韓文通	4/205/2686	
韓　武	3/150/2072	
韓　襄	3/150/2072	
韓孝威	1/49/563	
韓　協	4/201/2641	
韓　偕	4/203/2657	
韓　休	2/58/789	
韓休珉	2/89/1253	
韓　秀	2/76/1043	
韓秀昇	4/221/2818	
韓　湑	5/225/2884	
韓　逐	1/18/337	
韓　演	3/126/1664	
韓　曄	3/154/2126	
	4/171/2397	
	5/附/3351	
韓　曄(韓煜)		
	4/167/2358	
韓　佾	4/217/2792	
韓　瑛	2/88/1231	

韓　廊　5/230/2938

韓遊瓌　1/6/177

韓　祐　4/193/2548

韓　愈　1/2/46

　　　　4/163/2283

　　　　5/260/3089

韓　瑗　5/327/3267

韓　約　4/161/2254

　　　　5/310/3237

韓　約（韓重華）

　　　　2/91/1281

韓允忠（韓君雄）

　　　　3/98/1343

韓擇木　2/69/976

韓　瞻　3/147/2035

　　　　4/206/2716

　　　　5/231/2943

韓　中　4/199/2626

韓仲良　1/27/397

　　　　3/135/1763

韓　遵　1/18/337

【郝】

郝成隘　3/152/2103

郝處傑　1/7/196

郝　玭　1/12/260

郝　玭（郝泚）

　　　　1/14/286

郝　某　5/229/2916

郝廷玉　1/27/404

郝　通　1/15/294

郝同美　5/239/2993

郝相貴　3/125/1646

郝元亨　1/6/168

【浩】

浩　聿　2/83/1164

【何】

何　鼎　5/300/3213

何　鳳　3/142/1931

何弘敬（何重霸、何重順）

　　　　3/98/1342

何進滔　3/98/1342

何履光　5/257/3054

　　　　5/300/3203

　　　　5/310/3232

何　某　1/17/315

　　　　3/105/1427

　　　　3/128/1694

　　　　4/204/2671

何乾遇　5/282/3161

何清朝　1/18/333

　　　　1/21/352

何全皞　3/98/1343

何如璞　5/291/3188

何　僧　3/118/1571

何士幹　4/164/2299

何文哲　1/7/207

何延之　4/196/2601

何　溢　5/232/2948

　　　　5/241/3002

　　　　5/259/3084

　　　　5/276/3151

何　綱　2/80/1131

何　迎　4/163/2287

何游仙　1/18/327

【和】

和逢堯　5/255/3037

和守陽　1/29/415

　　　　4/170/2381

　　　　4/183/2471

　　　　4/202/2647

和顯壽　4/162/2258

【賀】

賀拔亮　1/32/431

賀拔行威　1/43/485

賀拔延嗣　1/39/460

賀拔正　2/86/1194

賀德倫　2/86/1212

賀　瓌　2/68/968

　　　　4/195/2598

賀蘭進明　2/64/893

　　　　2/65/915

　　　　2/76/1049

3/146/2005

　　　　5/257/3054

賀蘭敏之　5/258/3074

賀蘭爽　3/140/1870

賀蘭務温　2/88/1231

　　　　3/100/1362

賀婁行本　4/206/2717

賀　默　5/224/2876

賀若察　3/141/1908

賀若懷廓　1/42/479

賀若懷默　5/附/3286

賀若懷武　4/211/2751

賀若滔　3/147/2026

賀若孝義　2/81/1133

賀若璿　4/201/2640

賀遂亮?　5/232/2946

【赫】

赫連鐸　1/25/384

　　　　2/97/1319

【黑】

黑齒常之　4/209/2733

【衡】

衡長孫　1/29/414

　　　　2/94/1299

　　　　2/96/1310

　　　　5/242/3004

衡　濟　1/52/654
衡義整　1/44/495

【弘】

弘農公　4/165/2321

【侯】

侯　備　1/50/600
侯　固　1/7/210
　　　　1/18/335
　　　　3/112/1513
　　　　3/127/1679
侯弘度　3/127/1678
侯君集　2/60/827
　　　　4/158/2193
侯令儀　3/141/1908
　　　　3/153/2113
　　　　5/300/3204
　　　　5/附/3335
侯莫陳渙　2/67/948
侯莫陳起　4/191/2528
侯莫陳涉　3/100/1364
　　　　　3/140/1873
　　　　　3/147/2022
　　　　　4/204/2670
侯莫陳昇　4/212/2758
侯莫陳嗣忠　1/9/229
侯莫陳蕭　3/100/1356
侯莫陳知節　1/54/693

侯　某　3/143/1958
　　　　5/附/3315
侯　鐈　1/4/121
侯　紹　5/230/2938
侯紹宗　3/114/1533
侯　溫　3/147/2036
侯希逸　2/76/1050
　　　　3/121/1591
侯　言　2/81/1150
侯元緯　5/233/2957

【胡】

胡處立　4/173/2408
胡大恩（李大恩）
　　　　2/91/1273
胡德言　3/139/1858
胡　瑤　3/150/2074
胡公素　1/13/279
胡　規　5/附/3278
胡懷玉　5/290/3183
胡敬璋　1/10/243
　　　　1/39/468
胡　某　1/16/310
　　　　1/18/335
　　　　3/147/2035
　　　　4/179/2461
胡　沐　5/300/3211
胡　芮　5/262/3093
胡叔清　4/173/2410

胡樹禮　5/222/2829

胡　竦　3/152/2108

胡　珣　1/8/224

　　　　3/128/1689

胡　珣?　2/58/797

胡　璿　2/61/860

胡　演　1/11/244

胡元禮　2/57/762

　　　　3/139/1839

　　　　3/142/1928

　　　　4/163/2276

　　　　5/257/3046

胡　渱　5/301/3216

胡　真　2/57/780

胡　真（胡貞）

　　　　5/300/3214

胡　証　1/2/46

　　　　1/25/379

　　　　5/257/3063

　　　　5/258/3077

【斛】

斛斯道仲　3/131/1736

【華】

華　造　3/149/2066

【桓】

桓臣範　1/1/19

1/54/691

3/114/1530

3/142/1930

桓玄範　3/138/1816

桓彥範　2/63/874

　　　　3/104/1410

【皇】

皇甫徹（皇甫澈）

　　　　5/225/2881

皇甫粹　3/142/1928

皇甫德驥　2/61/860

皇甫珪　1/4/131

皇甫珪（皇甫焕）

　　　　3/151/2093

皇甫懷節　1/38/450

皇甫敬德　2/87/1216

皇甫亮　2/55/741

皇甫悰　3/117/1565

皇甫某　4/164/2309

皇甫侁　4/157/2173

皇甫曙　1/54/704

　　　　2/80/1126

　　　　2/87/1225

皇甫思忠　5/237/2978

皇甫惟明　1/31/427

　　　　1/39/464

　　　　4/183/2471

皇甫煒　4/160/2242

皇甫温 1/5/153
　　　 1/51/620
　　　 3/142/1935

皇甫文備 5/237/2977
　　　 5/245/3011

皇甫文亮 3/98/1326
　　　 3/123/1604

皇甫無逸 1/4/103
　　　 1/7/194
　　　 5/222/2825

皇甫烜 2/56/744

皇甫恂 4/179/2461
　　　 4/220/2809
　　　 5/227/2896

皇甫顗 4/166/2326

皇甫翼 2/55/719
　　　 2/76/1047
　　　 2/86/1198
　　　 3/123/1614

皇甫胤 2/73/1014

皇甫鏞 5/227/2903

皇甫愉 3/138/1821

皇甫元凱 4/204/2682

皇甫瑗 4/160/2242

皇甫珍義 3/152/2098
　　　 5/233/2951

皇甫政 3/142/1936
　　　 3/151/2082
　　　 4/156/2150

皇甫知常 1/49/570
　　　 1/52/642
　　　 2/55/714
　　　 2/84/1172
　　　 3/123/1609
　　　 4/189/2485

皇甫忠 2/59/809
　　　 3/141/1903
　　　 3/142/1930

【黄】

黄 察 2/55/711

黄崇嘏 5/237/2983

黄 恭 4/163/2289

黄 碬 3/145/1999
　　　 3/155/2135

黄景復 5/239/2994

黄君漢 1/52/637
　　　 2/86/1193
　　　 4/200/2630

黄 麟 4/157/2192

黄 齊 5/264/3102

黄 晟 3/143/1960

黄〔思〕鄴 1/3/98

黄文軌 3/103/1395

黄文靖 2/61/860
　　　 2/62/869
　　　 5/附/3278

【渾】

渾	鎬	1/10/241
		3/112/1508
		4/190/2521
		4/191/2531
		5/258/3078
		5/259/3084
渾	徵	5/299/3200
渾	鏻	1/22/360
		1/25/382
		3/130/1722
		4/190/2523
渾	瑊	1/6/176
		1/18/329
		1/25/376
		2/79/1095
渾	瑊(可朱渾瑊)	
		4/175/2437
渾景之		1/8/219
渾	鉅	5/238/2989
渾	侃	1/13/278
		3/109/1473

【霍】

霍	存	2/68/967
		5/262/3094
*霍	存	5/258/3081
霍德信		4/174/2430

霍	某	3/143/1960
霍榮國		5/附/3323
霍廷玉		1/49/573
		4/205/2692
霍庭玉(霍廷玉)		
		4/156/2142

【吉】

吉	湍	3/151/2081
吉	謙	4/189/2483
吉	溫	2/91/1279
		3/98/1336
吉	頊	3/100/1359
吉	琰	1/3/100
		2/80/1132
吉	哲	3/113/1518
		4/199/2624
		4/202/2646

【季】

季	轂	3/146/2015
季廣琛		1/42/482
		1/53/672
		2/59/813
		3/137/1792
		3/150/2069
		4/195/2580
季廣深		4/156/2147

【計】

計信卿 3/134/1760

【紀】

紀　及 1/36/445
　　　 4/195/2569

【暨】

暨克華 3/153/2113

【稷】

稷山公 2/81/1141

【冀】

冀君武 2/81/1149

【賈】

賈　瞈 3/124/1637
賈長源 3/144/1969
　　　 3/153/2113
賈　琛 3/147/2026
賈　崇 5/附/3311
賈楚珪 4/199/2628
賈　琮 4/161/2257
賈　耽 1/48/541
　　　 2/57/769
　　　 2/84/1179
　　　 4/189/2497

　　　 4/205/2697
賈敦實 1/49/564
　　　 1/52/640
賈敦頤 1/49/561
　　　 2/79/1079
　　　 3/109/1463
　　　 3/114/1527
賈　鐸(賈公鐸)
　　　 3/132/1744
　　　 3/134/1761
賈　瓛 5/245/3013
賈　恒 5/附/3349
賈　翃 3/138/1834
賈惠元 2/94/1302
賈　炭 3/149/2059
賈繼宗 5/265/3104
賈繼宗(魯繼宗)
　　　 3/153/2119
賈敬言(賈慶言)
　　　 2/57/762
賈敬宗 4/199/2625
賈　某 4/171/2391
　　　 4/187/2476
　　　 5/259/3083
賈　全 3/138/1823
　　　 3/141/1912
　　　 3/142/1937
賈　深 2/64/895
　　　 5/228/2907

賈　深（賈琛）
　　　3/129/1700
　　　4/165/2313
　　　4/200/2634
賈師順　1/31/426
　　　1/43/489
賈師由　5/326/3266
賈守義　4/172/2401
賈　練　1/2/49
　　　3/137/1800
　　　3/138/1827
賈　蓀　4/167/2353
賈　蓀（賈係、賈孫）
　　　3/153/2115
賈惟慶　1/9/232
賈　璿（賈彥璿）
　　　4/216/2781
賈　循　2/91/1279
　　　3/112/1504
　　　3/116/1551
　　　3/117/1566
賈　備　3/152/2108
賈元敏　3/128/1693
賈雲霽　4/218/2801
賈　載（賈德方）
　　　3/136/1779
賈　曾　1/12/257
　　　1/53/669
　　　2/64/891

　　　2/81/1139
　　　4/161/2246
　　　4/209/2734
賈直言　2/80/1126
　　　3/130/1721
賈　至　1/1/30
　　　1/54/695

【賽】

賽宗儒　4/173/2415

【簡】

簡道通　5/222/2829

【江】

江從勖（江從頊）
　　　3/130/1725
江　勛　3/149/2067
江　静？　4/160/2241
江齊賢　5/276/3150
江　儒　3/130/1725
江彥温　3/130/1725
江子建　4/201/2644

【姜】

姜昌群　5/附/3336
姜公輔　4/162/2266
　　　4/203/2660
姜公輔？　4/194/2560

姜　還　4/161/2257

姜　晦　2/72/1004

姜　簡　1/26/386

姜　簡?　5/310/3229

姜荊寶　5/226/2889

姜　沔　5/231/2943

　　　　5/235/2965

姜　瞀　1/15/288

　　　　1/27/395

姜　某　4/164/2297

姜神翊　3/128/1685

　　　　3/152/2099

姜師度　1/4/112

　　　　1/51/615

　　　　2/79/1085

　　　　3/102/1386

　　　　3/109/1465

　　　　3/113/1518

姜世師　2/96/1309

姜　蕭　3/149/2064

姜　協　1/16/302

　　　　1/26/387

姜行基　2/83/1161

　　　　4/208/2724

姜子建　2/62/861

【蔣】

蔣　敦　4/210/2743

蔣安遇　4/193/2548

蔣　郎　3/152/2104

　　　　4/176/2453

蔣　防　3/154/2127

　　　　4/169/2375

蔣　瓖　3/145/1999

蔣　涣　1/3/77

　　　　1/48/539

蔣欽緒　1/3/71

　　　　2/55/717

　　　　3/98/1333

蔣　溶　3/135/1768

蔣　邵　4/157/2192

蔣　伸　1/3/95

　　　　2/55/738

　　　　2/79/1104

蔣　挺(蔣捷)

　　　　1/10/238

　　　　3/140/1873

蔣　喜　5/247/3021

蔣　喜(蔣善合)

　　　　5/249/3027

蔣　喜(蔣善人)

　　　　2/66/923

蔣　係　1/5/162

　　　　1/48/554

　　　　4/189/2507

　　　　4/191/2533

　　　　4/205/2706

　　　　5/275/3143

蒋　勛　4/172/2405

蒋　儼　1/20/346

　　　　2/79/1081

蒋　溦　4/206/2714

蒋　侑　5/228/2910

蒋　佋　3/153/2120

【焦】

焦大冲　4/197/2612

焦　悱　3/144/1976

焦　璐（焦潞）

　　　　5/附/3307

焦　淑　5/243/3007

焦　軫　2/69/983

【揭】

揭　鎮　4/163/2287

【頡】

頡　利　2/58/782

【金】

金　爕　5/258/3081

金仁規　3/147/2035

金師會　3/147/2037

金庾信　4/205/2689

【晉】

晉　暉　4/213/2764

晉　揆　4/218/2801

晉文衍　3/121/1583

【靳】

靳　恒　1/51/615

　　　　4/189/2488

靳　帥（靳師）

　　　　3/116/1541

【京】

京兆公　5/224/2873

【荆】

荆從皋　3/109/1473

【景】

景　端　1/27/406

【敬】

敬超先　5/276/3150

敬　誠　2/69/975

　　　　3/142/1931

敬　誠（敬咸）

　　　　3/144/1969

敬　誠（敬諴）

　　　　3/129/1698

敬　袞　4/213/2764

敬　暉　1/3/70

　　　　1/48/527

　　　　　1/49/567

　　　　　2/57/762

　　　　　3/101/1373

　　　　　4/173/2409

敬　晦　2/69/982

　　　　　3/137/1802

敬　寬　1/2/66

敬　括　1/4/119

　　　　　4/217/2790

敬　僚　3/149/2063

敬　密　4/219/2804

敬　騫（殷騫）

　　　　　3/152/2103

敬　琬　1/17/316

敬仙客　2/92/1288

敬　湘（敬相）

　　　　　3/129/1706

敬　昕　1/2/52

　　　　　1/50/595

　　　　　2/57/776

　　　　　3/138/1828

　　　　　3/140/1887

　　　　　3/145/1996

　　　　　4/157/2184

　　　　　5/附/3289

敬彥琮　5/314/3249

敬　羽　4/170/2382

【久】

久且洛生（且洛生）

　　　　　1/29/413

　　　　　1/36/445

【闕】

闕　稜　3/142/1924

【康】

康承獻　1/36/446

康承訓　2/57/779

　　　　　2/90/1268

　　　　　3/112/1513

　　　　　5/290/3184

康傳圭　2/90/1270

　　　　　2/91/1282

康傳業　1/7/211

康懷英　5/附/3309

康懷貞　1/7/213

康季榮　1/13/277

　　　　　2/64/901

　　　　　2/64/902

康　節　3/103/1398

康君立　2/84/1184

　　　　　2/86/1211

康　璙　4/174/2429

康　瑒（康僚、康鑣）

　　　　　2/72/1008

康　某　1/42/483

　　　　　2/95/1307

　　　　　4/164/2295

康　謙（康令謙？）
　　　　5/310/3232
康日知　1/4/121
　　　　2/81/1144
　　　　3/105/1427
康　儒　3/129/1708
康神慶　3/144/1969
康昇讓　5/304/3220
康　實　2/55/740
康　眰　3/126/1669
康希銑　2/67/946
　　　　2/72/1003
　　　　3/144/1967
　　　　4/159/2217
　　　　4/197/2610
康希銑（康詵）
　　　　3/147/2021
康玄辯　5/240/2996
康藝全　1/7/207
康雲間　3/150/2069
康昭遠　4/202/2647
康志睦　1/13/275
　　　　2/76/1052

【孔】

孔昌寓　3/98/1328
孔長秀　1/34/436
孔巢父　4/166/2330
　　　　4/199/2625

孔　琮　3/149/2054
　　　　4/157/2171
孔　炅　2/77/1065
孔　戢　1/2/47
　　　　1/54/701
　　　　4/166/2336
孔　戣　1/3/83
　　　　4/158/2202
　　　　5/257/3062
孔令斌　3/149/2067
孔　某　2/94/1299
　　　　5/263/3096
孔　彭　3/140/1892
孔若思　1/54/690
　　　　3/101/1374
孔眘言　3/134/1757
孔　威　3/128/1691
孔　緯　4/195/2597
　　　　4/196/2606
孔溫業　4/156/2158
孔溫裕　1/2/57
　　　　1/48/554
　　　　1/50/598
　　　　2/59/821
　　　　2/66/939
孔　禎　2/80/1113
孔　禎（孔槙）
　　　　3/144/1964

【寇】

寇 泄 2/56/748
　　　3/112/1504
寇 暹 3/124/1630
寇彦卿 2/63/884
　　　3/103/1405
　　　3/104/1421
寇 洋 3/104/1414
　　　3/128/1685
　　　4/162/2260
　　　4/190/2516
寇志覽 4/199/2624

【庫】

庫成防 3/104/1414

【來】

來 慈 5/265/3103
來 恒 5/222/2830
來 濟 1/47/513
　　　3/144/1964
來敬業 3/137/1787
來 瑱 1/39/466
　　　1/51/619
　　　2/59/812
　　　2/59/812
　　　2/61/851
　　　3/123/1616

3/135/1768
4/189/2495
4/189/2496
4/190/2517
4/190/2518
來同敏 3/100/1359
來 曜 1/46/509
　　　1/47/518
來 志 4/192/2536

【蘭】

蘭火逵 5/附/3363

【郎】

郎士元 4/193/2550
郎幼復 3/128/1691
　　　3/129/1707
郎餘慶 3/139/1838
　　　5/310/3230
郎餘仙 2/57/769
郎知運 3/102/1382

【樂】

樂處元 5/300/3202
樂從訓 3/100/1368
樂 坤 4/193/2553
　　　4/194/2562
樂 璘 2/96/1312
樂 某 5/231/2943

樂　卿　5/238/2986
樂仁厚　5/301/3216
樂少寂　3/99/1352
　　　　3/102/1391
　　　　5/附/3322
樂庭瓌　1/42/482
樂彦瑋　4/191/2527
樂彦禎　3/99/1352
樂彦禎（樂行達）
　　　　3/98/1344
　　　　5/附/3322
樂彦禎（樂彦貞）
　　　　1/27/407

【雷】

雷長穎　4/164/2291
雷德備　5/附/3325
雷　滿　4/173/2416
雷四郎（曹四郎？）
　　　　4/190/2511
雷彦恭　4/173/2417
　　　　4/195/2598
雷彦威　4/173/2417

【冷】

冷　約　4/163/2288

【黎】

黎道澄　4/161/2257

黎　幹　1/1/29
　　　　1/1/31
　　　　5/275/3135
黎　郁　3/143/1959
黎　埴（黎植）
　　　　3/151/2090

【李】

李安期　4/195/2569
李安仁　3/106/1431
　　　　3/118/1573
李安遠　1/52/638
　　　　2/86/1193
　　　　4/205/2685
李　黯　5/附/3327
李　翱　1/53/679
　　　　3/128/1689
　　　　3/129/1704
　　　　4/166/2337
　　　　4/173/2413
　　　　4/189/2503
　　　　5/259/3083
　　　　5/275/3141
李邦昌　5/266/3107
李　褒　1/53/681
　　　　2/58/801
　　　　2/80/1127
　　　　3/142/1943
　　　　4/175/2446

李寶臣（張忠志）
　　　　　3/106/1437
　　　　　3/106/1437
李抱玉　1/5/153
　　　　　1/5/153
　　　　　1/53/673
　　　　　2/86/1199
　　　　　2/87/1221
　　　　　4/205/2697
李抱真　1/52/650
　　　　　2/86/1200
　　　　　2/87/1221
李　弼　1/1/9
　　　　　2/81/1135
李辟邪　1/51/612
李　璧　5/229/2927
李　辨　4/214/2768
李　斌　2/83/1161
　　　　　4/162/2258
李　蠙　1/2/57
　　　　　1/5/164
　　　　　2/86/1206
　　　　　3/145/1997
李　播　3/131/1734
　　　　　3/141/1918
　　　　　3/151/2093
　　　　　3/151/2094
　　　　　5/附/3307
李伯成　3/147/2026

　　　　　4/162/2261
李伯康　4/168/2366
李博乂　1/4/105
李　渤　4/158/2204
　　　　　4/161/2253
　　　　　5/275/3140
李　偲　1/15/297
李　才　1/21/349
李　裁　4/201/2642
李　宷　3/147/2025
　　　　　4/158/2197
李　參　2/86/1213
李　粲　2/67/948
李藏用　3/124/1634
李　測　4/194/2558
李　岑　2/56/751
　　　　　3/143/1953
　　　　　5/226/2888
　　　　　5/238/2987
　　　　　5/附/3343
李　鋋　3/137/1808
　　　　　4/175/2448
　　　　　4/175/2448
李昌符　1/5/166
李昌岠　2/72/1005
　　　　　4/178/2458
李昌巏　4/195/2583
　　　　　5/228/2908
　　　　　5/275/3136

李昌言　1/5/166
　　　　1/7/208
　　　　1/16/308
李昌幽　5/257/3058
李昌元　1/7/208
　　　　2/88/1232
李　長　2/68/963
　　　　3/135/1767
　　　　3/143/1951
　　　　3/145/1992
　　　　4/190/2518
　　　　4/192/2540
　　　　4/196/2602
　　　　5/229/2918
李　長（李長通）
　　　　4/210/2749
李長卿　1/35/440
　　　　2/62/865
　　　　3/111/1491
李　昶　1/5/149
李　瑒　3/113/1517
　　　　4/197/2609
　　　　4/202/2646
李　暢　2/64/891
　　　　3/100/1363
　　　　3/114/1530
　　　　3/146/2003
　　　　4/161/2246
　　　　4/162/2259

　　　　4/205/2692
李　超（李召）
　　　　3/140/1892
李　巢　4/166/2344
李朝宷　1/6/178
李朝隱　1/4/111
　　　　1/5/146
　　　　1/49/571
　　　　2/57/764
　　　　2/80/1116
　　　　3/123/1612
　　　　4/210/2744
　　　　5/257/3051
李朝則　1/53/676
李　徹　1/1/11
李　琛　2/79/1075
　　　　2/80/1110
　　　　2/83/1159
　　　　4/208/2722
*李　諶　2/55/729
　　　　2/90/1258
李成慶（李承慶）
　　　　1/16/312
李成式　3/123/1616
李成裕　3/99/1351
　　　　4/203/2657
　　　　4/213/2763
李　承　1/4/120
　　　　2/79/1094

4/158/2199

4/160/2236

4/166/2330

4/189/2496

李承嘉 1/49/569

李承嗣 2/94/1303

3/104/1420

4/206/2713

李承休 4/217/2794

5/225/2882

李承勛 1/13/278

1/27/405

5/257/3067

李承業 2/80/1114

李承約 3/102/1391

李承悦 3/118/1571

李承昭 1/3/78

3/100/1366

3/151/2082

李承晊 4/171/2394

5/223/2864

李 程 1/2/43

1/48/551

1/50/604

2/55/733

2/79/1099

2/79/1100

2/90/1261

4/164/2302

4/189/2504

4/192/2542

李誠元 1/24/371

2/96/1313

李 憕 1/1/22

1/48/535

2/64/892

2/79/1088

3/102/1388

3/123/1614

4/189/2492

李 澄 2/55/728

2/57/769

3/111/1490

李 澄(李鐵誠)

3/107/1450

3/110/1481

3/112/1502

3/114/1529

李 逞 4/197/2613

李 充 1/1/35

5/附/3343

李 沖 2/60/828

2/71/997

2/75/1036

3/99/1348

3/130/1711

李沖寂 1/51/610

2/64/888

2/73/1014

2/76/1043

2/79/1080

2/79/1081

2/89/1239

3/110/1478

4/156/2140

李冲寂（李仲寂）

　　　3/121/1585

李冲玄　2/89/1239

李崇儉　2/59/811

李崇敬　5/229/2913

李崇嗣　1/9/229

　　　3/102/1383

　　　3/107/1447

李崇義　1/4/105

　　　1/16/303

　　　1/51/609

　　　2/79/1079

　　　2/80/1112

　　　3/116/1542

　　　5/222/2829

李崇真　1/5/142

李崇真（李崇貞）

　　　5/222/2831

李楚才　5/附/3279

李楚琳　1/5/154

李處鑒　5/257/3047

李處祐　3/141/1905

3/142/1932

*李　倕　1/51/619

李　春　2/59/813

李　椿　5/228/2908

*李　淳　3/116/1558

李　詞　3/140/1883

　　　4/175/2442

　　　4/204/2676

李從晦　1/2/57

　　　3/138/1829

　　　4/205/2707

李從簡　3/127/1678

　　　4/194/2562

李從矩　1/52/660

李從易　5/257/3064

　　　5/275/3142

李　聰　4/209/2741

李　琮　2/70/988

　　　3/118/1569

　　　4/199/2624

*李　琮　2/89/1251

*李　琮（李嗣直）

　　　1/26/389

　　　1/46/507

*李　琮（李潭）

　　　1/39/462

李　叢　2/61/858

　　　4/166/2342

　　　5/275/3146

李存進 2/95/1308
李存禮 1/6/188
李存權 1/3/99
　　　 4/204/2681
李存賢 2/85/1191
李存孝 2/84/1184
　　　 3/103/1404
李存信 4/168/2369
*李存勖 2/83/1166
　　　 2/84/1185
李存璋 2/87/1228
李大亮 1/39/454
　　　 3/135/1762
　　　 3/142/1924
　　　 5/310/3228
李大志 1/21/348
李　丹 2/58/803
　　　 3/127/1677
　　　 3/139/1846
　　　 3/146/2006
　　　 4/161/2247
李　耽 5/290/3184
李　宣 4/158/2195
李　旦 1/26/387
*李　旦 1/1/9
　　　 1/1/12
　　　 2/89/1242
*李　旦（李輪）
　　　 1/49/564

　　　 2/89/1239
*李　旦（李旭輪）
　　　 1/25/372
　　　 3/98/1325
李　當 1/50/600
　　　 3/133/1752
　　　 4/156/2160
　　　 4/166/2340
　　　 4/170/2387
　　　 4/205/2707
李　璿 1/22/362
李□道 2/84/1173
李道昌 3/139/1848
李道恩 5/310/3244
李道古 3/147/2030
　　　 4/164/2301
　　　 4/175/2442
　　　 4/191/2530
　　　 4/192/2542
　　　 4/208/2728
李道廣 1/49/567
　　　 2/55/713
李道廣（丙道廣）
　　　 5/222/2833
李道堅 1/15/292
　　　 2/55/718
　　　 2/84/1175
　　　 3/104/1412
　　　 3/107/1451

	3/109/1466
	3/98/1333
	4/162/2259
	4/217/2789
李道立	2/60/828
	2/73/1013
	2/83/1160
李道明	2/66/924
李道遷	2/70/987
李道謙	3/121/1586
李道樞	3/139/1858
	3/142/1941
李道邃	2/68/961
李道興(李道彦?)	
	5/310/3228
李道玄	1/49/558
李道彦	1/15/289
	1/35/440
	1/35/441
	1/39/455
	3/100/1355
	3/117/1564
李道裕	2/77/1060
	2/79/1079
李道宗	1/18/318
	1/18/318
	1/18/318
	2/81/1134
	4/164/2292

	5/241/3000
李德誠	3/137/1809
李德璉?	5/附/3298
李德仁	3/152/2097
李德脩	3/124/1638
	3/128/1689
	3/140/1887
李德穎	2/67/946
	2/69/971
李德裕	1/48/552
	2/57/774
	3/123/1623
	3/125/1653
	3/137/1799
	3/137/1800
	3/137/1801
	4/195/2589
	4/205/2702
	5/222/2852
李　登	4/219/2803
李　鼎	1/5/152
	1/31/429
	3/139/1866
李　侗	4/167/2358
李　峒	3/130/1713
	3/140/1876
李　都	2/79/1106
李　端	3/153/2115
	4/159/2224

4/217/2791

5/235/2962

李　端(李藥王)

5/229/2912

李　惇　1/8/220

李多祚　3/116/1544

李　蕚　4/165/2313

4/170/2384

李　遏　5/258/3076

*李　愕　1/16/309

李　岦　4/162/2263

李法静　4/204/2670

李　藩　1/3/83

李　瑶　1/51/635

1/53/683

3/144/1965

4/193/2547

4/197/2608

李　繁　2/63/880

3/126/1666

3/149/2062

4/162/2268

4/192/2543

5/230/2937

李　範　1/3/71

1/53/668

2/58/788

2/59/809

2/80/1117

:李　範　2/89/1246

*李　範(李隆範)

1/5/146

李方古　4/220/2811

李方玄　3/149/2063

5/附/3352

李　防　4/180/2465

*李　玢(李洄)

1/46/508

李　峰　4/211/2753

李　逢　3/144/1976

李逢吉　1/48/550

2/55/732

4/189/2501

4/189/2502

5/229/2921

李　諷　4/176/2451

5/228/2910

李奉慈　1/14/284

李奉仙(李奉先)

1/22/359

李奉宗　4/158/2211

李　鳳　2/56/744

2/58/783

2/61/844

2/76/1042

2/85/1187

3/130/1710

3/133/1750

李　怣　　4/190/2512
　　　　　5/231/2942
李　鉄　　5/224/2874
李　敷　　1/4/125
　　　　　3/127/1676
　　　　　3/147/2029
李　福　　1/7/195
　　　　　1/16/309
　　　　　1/27/398
　　　　　1/48/555
　　　　　1/53/680
　　　　　1/54/704
　　　　　2/55/738
　　　　　2/57/778
　　　　　2/62/866
　　　　　2/70/991
　　　　　2/76/1041
　　　　　2/83/1162
　　　　　4/157/2168
　　　　　4/189/2509
　　　　　4/204/2678
　　　　　4/205/2688
　　　　　5/222/2856
李　復　　1/3/80
　　　　　2/57/770
　　　　　3/139/1848
　　　　　4/159/2223
　　　　　5/257/3059
　　　　　5/300/3207

李　綱　　3/126/1657
李　皋　　3/149/2057
　　　　　3/150/2069
　　　　　4/157/2178
　　　　　4/166/2330
　　　　　4/167/2351
　　　　　4/167/2352
　　　　　4/189/2497
　　　　　4/195/2584
　　　　　5/260/3087
李高遷　　5/232/2946
　　　　　5/233/2952
　　　　　5/附/3277
李高行　　2/68/958
李　昌　　1/48/531
　　　　　1/54/690
　　　　　2/55/716
　　　　　2/89/1249
李　誥　　4/204/2681
李公度　　1/18/335
　　　　　3/112/1512
　　　　　3/152/2105
李公廉　　2/60/836
李公淹　　1/29/413
　　　　　3/152/2098
李公逸　　5/附/3302
李公政　　1/22/360
李　肱　　2/73/1021
　　　　　3/103/1403

　　　　　　4/165/2318

＊李　琪　1/39/465

李　鞏　1/52/660

李　構　2/73/1015

　　　　　3/141/1905

　　　　　3/152/2101

　　　　　3/153/2114

李毁之　5/263/3099

李固烈　3/109/1467

李固言　1/3/89

　　　　　1/48/551

　　　　　1/48/553

　　　　　2/79/1101

　　　　　4/205/2703

　　　　　5/222/2853

李　觀　1/13/272

李　瓘　1/6/172

李　光　5/243/3007

李光弼　1/18/326

　　　　　1/23/363

　　　　　1/25/375

　　　　　1/26/390

　　　　　1/48/538

　　　　　1/49/579

　　　　　2/79/1091

　　　　　2/90/1254

　　　　　2/97/1315

　　　　　3/98/1337

　　　　　3/116/1552

　　　　　3/116/1553

李光度　5/291/3188

李光暉　2/59/814

李光進　1/8/221

　　　　　1/18/331

　　　　　2/91/1281

李光進（阿跌光進）

　　　　　1/25/379

李光顏　1/5/157

　　　　　1/6/180

　　　　　2/57/772

　　　　　2/59/815

　　　　　2/59/816

　　　　　2/59/817

　　　　　2/60/838

　　　　　2/90/1261

　　　　　2/91/1281

　　　　　3/104/1418

　　　　　3/109/1470

李光誼　1/39/458

李廣誠　5/241/3002

李　規　3/130/1717

李歸期　4/158/2201

李歸仙　5/附/3321

李　瓌　4/195/2565

　　　　　5/232/2949

　　　　　5/附/3275

李　軌　1/39/452

李　炅　4/174/2420

李　衮　4/161/2250

李國昌　1/7/210

　　　　1/25/383

　　　　2/91/1283

　　　　2/97/1317

　　　　2/97/1318

李國昌（朱邪赤心）

　　　　2/92/1292

　　　　2/96/1313

　　　　2/97/1317

李國臣　1/19/340

李國清　1/51/620

　　　　4/173/2410

　　　　4/175/2439

　　　　4/204/2674

李國貞（李若幽）

　　　　1/1/24

　　　　1/27/403

　　　　1/49/578

　　　　2/55/725

　　　　2/80/1120

　　　　4/197/2612

　　　　5/222/2846

李海通　3/123/1613

李　涵　3/139/1847

李　罕（李牢）

　　　　5/300/3207

李罕之　1/48/556

　　　　1/50/602

　　　　1/52/661

　　　　2/86/1211

　　　　2/87/1227

　　　　3/103/1404

　　　　3/132/1743

　　　　5/附/3293

　　　　5/附/3295

李　漢　1/3/90

　　　　2/84/1182

李漢通　1/40/471

李　瀚　2/63/878

李　杭　3/140/1869

李　昊　3/129/1699

　　　　3/134/1758

　　　　4/162/2261

李　滈　5/226/2888

李和上　4/156/2145

李　郃　5/262/3093

李　亨　2/74/1026

*李　亨（李嗣昇）

　　　　1/46/507

李　衡　3/138/1822

　　　　3/145/1993

　　　　4/157/2179

　　　　4/166/2332

李弘本　1/23/364

李弘定　1/42/484

李弘度　5/234/2961

李弘甫　1/13/279

5/310/3240

李弘節 1/1/4

　　　 1/12/254

　　　 1/14/282

　　　 2/89/1237

　　　 3/141/1898

　　　 5/275/3127

　　　 5/310/3229

李弘慶 4/203/2663

李弘讓 2/73/1021

　　　 3/135/1773

　　　 3/145/1997

　　　 4/206/2716

　　　 5/附/3363

李弘泰 5/235/2964

李弘毅 3/125/1654

　　　 3/132/1742

　　　 4/215/2777

　　　 5/228/2910

李弘源 5/290/3182

李弘愿 1/43/492

李　宏 2/68/958

　　　 4/156/2141

李宏諫 1/40/474

李　洪 3/103/1400

*李　紘 2/90/1259

　　　 3/116/1559

李　鉷 2/88/1231

李　厚 3/134/1761

李厚德 3/100/1355

　　　 3/137/1783

　　　 5/222/2825

　　　 5/附/3297

　　　 5/附/3298

李　岵 1/22/360

　　　 2/62/864

　　　 2/81/1147

　　　 3/139/1846

　　　 3/144/1972

李　岵（李有裕）

　　　 1/13/275

　　　 3/110/1486

　　　 4/171/2397

李　鄂 5/310/3240

李　華 4/157/2192

　　　 4/158/2212

李懷鳳（李德鳳）

　　　 4/207/2718

李懷光 1/6/176

　　　 1/13/270

　　　 1/25/377

　　　 2/79/1093

　　　 2/79/1095

*李懷光 1/18/328

李懷讓 1/3/77

　　　 2/86/1197

　　　 3/150/2068

李懷仙 3/116/1553

李懷儼　4/193/2547
李懷遠　1/4/108
　　　　1/48/527
　　　　3/103/1395
　　　　3/107/1447
　　　　3/123/1606
　　　　5/222/2832
李　峘　2/56/751
　　　　4/189/2493
　　　　5/222/2845
李　寰　1/16/308
　　　　2/81/1147
　　　　2/93/1296
　　　　3/109/1471
李　璡　4/170/2384
李　奐　2/61/851
　　　　3/114/1532
　　　　3/134/1758
　　　　3/146/2005
　　　　4/204/2672
　　　　5/227/2897
李　黄　4/219/2806
李　晃　2/65/915
李　晄　3/107/1449
　　　　3/151/2081
李　滉　5/附/3355
李　暉　1/7/213
李　禕　1/52/646
　　　　2/61/847

　　　　2/67/947
　　　　3/110/1481
　　　　3/114/1530
　　　　3/146/2002
　　　　3/146/2003
　　　　5/225/2878
李　撝　2/58/788
　　　　2/80/1117
　　　　2/87/1219
李　撝(李成義)
　　　　1/6/171
　　　　4/190/2515
*李　撝(李成義)
　　　　2/89/1246
　　　　5/222/2836
李徽伯　1/51/610
李　回　3/152/2107
　　　　4/158/2207
　　　　4/166/2339
　　　　4/190/2524
　　　　5/222/2853
　　　　5/262/3094
李　晦　1/1/8
　　　　1/48/526
　　　　1/49/564
　　　　1/50/601
　　　　3/116/1541
　　　　3/121/1585
　　　　4/195/2571

李 晦（李誨）
  3/151/2094
李惠登 4/192/2541
李 彙 1/13/273
  3/135/1770
  5/附/3305
李 繪 3/139/1862
李 鐵 5/290/3185
李 勣 1/37/447
  1/48/526
  1/49/561
  2/73/1011
  2/89/1236
  2/89/1237
  3/131/1727
李 勣（徐世勣）
  5/附/3320
李 稽 3/122/1592
  3/122/1595
李吉甫 3/123/1620
  4/159/2225
  4/168/2365
  4/202/2649
*李 佶 5/222/2857
李季回 4/202/2653
李季卿? 5/260/3087
李季貞 3/149/2060
李季貞（李栝）
  5/229/2917

李 洎 5/258/3079
李 寂 4/160/2243
李 暨 2/63/881
  2/80/1128
李濟時 3/110/1484
李繼昌 5/241/3003
李繼徽 1/27/407
李繼徽（楊崇本）
  1/6/190
李繼璘 1/7/213
李繼密 1/15/298
  4/205/2711
  4/209/2740
李繼密（李繼徽）
  4/205/2710
李繼瑭 1/4/135
李繼勳 1/27/408
李繼顔 1/7/212
  4/209/2740
  4/214/2773
李繼雍 4/216/2786
李繼顗 4/208/2731
李繼臻 4/203/2664
李繼忠 4/208/2731
李嘉祐 3/144/1972
  4/163/2280
李嘉祚 3/101/1374
李 甲 5/324/3262
李 兼 4/164/2299

李　兼（李謙）
　　　4/157/2178
李　堅　2/58/794
　　　4/217/2792
李　堅（李條）
　　　3/153/2115
李　瑊　5/228/2905
李　瓓　1/4/114
李　蔿　3/138/1830
李　簡　3/124/1644
　　　5/237/2983
李建徽　1/7/201
　　　1/7/202
　　　1/8/223
　　　1/10/241
李建及　2/88/1233
李　建（李朽直）
　　　4/174/2426
李建永　4/208/2731
李　漸　2/93/1298
　　　5/225/2881
　　　5/227/2900
李踐由　4/197/2611
李踐中　1/54/694
李　鑑（李鎰）
　　　3/131/1733
李　江　3/150/2069
李將順　4/163/2283
李將順？　4/161/2252

李　絳　1/3/84
　　　1/3/86
　　　1/48/546
　　　1/48/547
　　　2/57/763
　　　2/79/1098
　　　4/205/2701
　　　5/229/2922
李　晈　4/194/2557
李　璬　5/222/2844
李　嶠　1/48/526
　　　1/52/644
　　　2/61/847
　　　4/210/2744
李　皆　3/152/2101
李　齐　2/55/732
李　傑　1/49/571
　　　1/51/614
　　　3/123/1611
　　　3/146/2002
李津容（李津客）
　　　1/54/692
　　　2/76/1047
　　　2/82/1154
　　　3/101/1375
　　　3/103/1397
李　瑾　3/106/1435
　　　4/173/2409
李　瑾　3/152/2101

*李　僅　1/39/467

李謹行　1/36/446
　　　　3/121/1585

李近仁　1/54/706

李　晉　1/1/15
　　　　1/54/699

李進超　3/101/1378
　　　　4/190/2518

李進誠　1/6/182
　　　　1/18/332
　　　　4/191/2532

李進賢　1/25/379
　　　　2/65/918
　　　　4/210/2747

李覬王　2/81/1134

李　涇　4/203/2663

李景恒　3/100/1357

李景嘉?　4/157/2170

李景儉　3/124/1637
　　　　3/152/2104
　　　　3/155/2133
　　　　4/174/2426
　　　　4/202/2651

李景略　1/22/357
　　　　1/22/358

李景讓　1/3/91
　　　　2/58/800
　　　　2/66/936
　　　　3/137/1802

　　　　4/189/2506
　　　　4/204/2678
　　　　5/222/2855

李景仁　5/300/3211

李景溫　1/3/96
　　　　3/151/2093

李景先　3/126/1667

李景信　4/158/2204

李景宣　3/144/1971
　　　　3/149/2058

李景祐　3/145/1990

李　憬　1/27/408

李　璬　4/164/2293
　　　　4/193/2547
　　　　5/230/2932

李　璟　1/52/659
　　　　3/155/2136
　　　　4/163/2278

李　敬　4/192/2539

李敬昂　5/附/3360

李敬本　2/61/843

李敬方　3/143/1957
　　　　3/148/2048

李敬和　1/15/298

李敬玄　1/31/422
　　　　3/123/1604
　　　　4/167/2348

李敬玄?　5/274/3125

李敬彝　3/146/2013

李　涓　4/204/2682

*李　涓（李瑤）

　　　3/116/1548

　　　4/192/2544

　　　4/216/2785

李　靖　1/5/137

　　　2/67/945

　　　3/135/1763

　　　4/195/2564

　　　5/275/3126

李　競　3/144/1970

李　坰　4/175/2446

　　　5/275/3147

李　迥　3/153/2119

*李　迥　2/55/727

李迥秀　3/106/1443

　　　3/112/1515

　　　3/129/1697

　　　4/167/2359

*李　琚（李涺）

　　　5/257/3050

李　桔　3/153/2118

李　巨　1/48/536

　　　1/49/578

　　　2/55/724

　　　2/57/767

　　　2/63/877

　　　2/84/1177

　　　4/198/2617

　　　5/230/2934

李　俱　3/152/2107

李　倨　5/附/3351

李　珏　1/50/593

　　　3/123/1625

　　　3/128/1691

　　　4/158/2205

　　　4/168/2367

　　　5/275/3142

　　　5/276/3151

　　　5/附/3290

李君操　3/120/1581

李君平　3/107/1446

李君球　1/18/320

　　　2/92/1287

　　　3/123/1603

　　　4/207/2718

李君奭　1/52/660

李君羨　1/3/68

　　　1/30/417

李　鈞　2/86/1207

　　　5/225/2879

*李　鈞　1/18/336

李　俊　3/134/1761

　　　4/165/2315

李　峻　3/137/1788

李　浚　5/236/2972

*李　浚（李璬）

　　　1/25/374

李 晙 5/317/3253

李 濬 2/58/788

　　　2/86/1197

　　　3/137/1788

　　　5/222/2837

　　　5/附/3281

李 翷 4/167/2357

　　　5/236/2973

李 侃 1/6/188

　　　2/90/1269

　　　5/224/2875

李 康 1/52/653

　　　3/103/1400

　　　4/158/2201

　　　4/166/2322

　　　5/229/2919

李 伉 3/143/1958

李 伉（李沆）

　　　4/163/2277

李 抗 5/278/3155

　　　5/300/3204

李 珂 2/87/1217

李 軻 3/155/2133

李可封 3/138/1819

李可舉 3/116/1561

李克恭 2/86/1209

李克寧 1/25/385

　　　2/88/1232

　　　2/93/1297

　　　2/97/1319

李克柔 2/91/1283

李克順 3/152/2099

李克修 2/86/1209

　　　2/96/1313

李克用 2/90/1270

　　　2/90/1271

　　　2/91/1282

　　　2/97/1318

李 恪 2/73/1012

　　　3/135/1764

　　　4/166/2323

　　　4/205/2687

*李 恪 5/222/2825

*李 恪（李審）

　　　2/66/931

李 寬 1/52/639

　　　2/69/969

　　　2/81/1135

　　　3/103/1393

　　　5/附/3354

李 款（李穎）

　　　1/53/680

　　　3/139/1858

李 款（李穎、李疑、李凝）

　　　4/157/2184

李匡籌 3/116/1562

李匡實 5/附/3330

李匡威 3/116/1561

李匡文　4/197/2613
　　　　5/262/3095
李　睨　3/131/1735
　　　　5/274/3125
李　逵　1/22/361
李　揆　3/147/2027
　　　　3/148/2042
　　　　4/163/2279
李　琨　1/53/666
　　　　2/56/745
　　　　2/74/1025
　　　　3/101/1373
　　　　3/116/1543
　　　　4/205/2690
李　廓　2/62/867
　　　　2/64/901
李　蘭　2/69/976
李　倰　2/75/1038
李　崿(李萼)
　　　　3/129/1701
李　豐　2/66/925
李力牧　2/76/1048
　　　　3/141/1906
李　連　3/153/2122
李　廉　3/139/1836
李　鍊　4/200/2632
李　良　3/131/1732
　　　　3/141/1905
　　　　4/159/2219

　　　　5/275/3134
李良金　2/81/1142
李良僅　1/10/242
李　亮　3/110/1478
李　諒　1/2/48
　　　　1/54/702
　　　　2/65/918
　　　　3/130/1720
　　　　3/139/1855
　　　　3/147/2023
　　　　5/257/3063
　　　　5/275/3141
*李　諒　1/18/329
　　　　2/61/853
　　　　2/64/897
　　　　3/109/1468
*李林甫　1/18/325
　　　　1/25/375
　　　　1/26/391
　　　　1/39/463
李林宗　2/87/1226
李　琳　1/18/324
李　璘　4/195/2579
*李　璘(李澤)
　　　　4/195/2576
李　麟　2/79/1089
李靈龜　3/98/1324
李靈夔　2/57/761
　　　　2/69/970

　　　　　2/80/1113
　　　　　3/103/1395
　　　　　3/112/1499
　　　　　3/116/1539
　　　　　4/189/2484
　　　　　4/216/2780
李靈耀　2/55/727
　　　　　2/67/951
李令哲　1/20/346
李　孌　1/18/330
李　鑾　1/2/65
李　渝　4/219/2803
李茂復　2/65/922
李茂勳　3/116/1560
李茂勳（李周彝）
　　　　　1/7/212
李茂貞　1/5/166
　　　　　1/13/280
　　　　　4/205/2710
　　　　　4/205/2710
　　　　　5/222/2860
　　　　　5/229/2929
李茂貞（宋文通）
　　　　　4/209/2739
李茂莊　1/4/134
　　　　　1/27/407
　　　　　4/205/2710
*李　琄（李清）
　　　　　5/222/2839

李　蒙　2/60/839
　　　　　5/245/3012
　　　　　5/290/3182
李孟嘗　4/175/2435
李孟犨　2/65/913
李　泌　1/51/621
　　　　　3/124/1635
　　　　　3/141/1910
　　　　　4/174/2424
李　宓　5/245/3013
李　勉　1/1/28
　　　　　1/1/29
　　　　　1/1/30
　　　　　1/49/580
　　　　　1/51/636
　　　　　2/55/727
　　　　　2/55/728
　　　　　2/57/768
　　　　　2/58/792
　　　　　2/84/1178
　　　　　4/157/2175
　　　　　4/205/2696
　　　　　5/257/3056
李　邈　3/141/1920
*李　邈　2/76/1050
李　明　1/17/314
　　　　　1/39/457
　　　　　2/58/784
　　　　　2/61/844

		3/138/1813
		3/139/1838
		4/205/2688
李	銘	3/149/2061
李	模	4/175/2439
李	某	1/3/76
		1/3/79
		1/5/144
		1/13/266
		1/15/297
		1/39/468
		1/40/473
		1/54/696
		1/54/706
		2/55/722
		2/60/834
		2/63/882
		2/65/915
		2/70/992
		2/73/1017
		3/100/1368
		3/101/1370
		3/103/1398
		3/105/1426
		3/109/1464
		3/109/1465
		3/122/1596
		3/125/1654
		3/138/1819

3/140/1889
3/141/1908
3/141/1919
3/144/1985
3/149/2060
3/151/2079
4/156/2140
4/160/2242
4/160/2244
4/162/2271
4/164/2296
4/169/2372
4/172/2402
4/192/2544
4/193/2549
4/198/2618
4/202/2648
4/204/2671
4/206/2716
4/217/2790
5/226/2889
5/228/2908
5/229/2916
5/229/2917
5/257/3043
5/258/3078
5/275/3131
5/275/3138
5/275/3149

5/288/3170

5/326/3265

5/附/3306

李 納 2/66/930

2/68/964

2/74/1029

2/76/1051

李 訥 1/3/93

1/3/96

1/50/598

3/142/1943

4/158/2196

4/173/2415

李 潘 3/132/1742

4/196/2604

李 濆 3/125/1654

李 芃 2/60/835

2/63/878

4/158/2198

5/附/3348

李 朋 1/50/601

李彭年 1/4/116

2/68/963

李 蓬 4/178/2460

李 丕 1/7/209

1/25/382

2/81/1148

2/84/1182

2/93/1296

李 駢 5/227/2901

李 玭 1/5/161

2/69/981

2/76/1054

4/175/2443

4/191/2535

5/257/3065

李 頻 3/152/2109

李 平 1/6/187

李 郱 5/233/2955

李 朴 1/12/256

3/134/1756

4/173/2409

4/204/2669

李 浦 4/191/2528

李 浦（李備）

3/104/1414

李 浦（李琬、李備、李輔）

2/69/975

2/74/1027

4/193/2549

李 浦（李琬、李輔、李備）

2/72/1005

李 浦（李琬、李輔、李備、獨孤琬）

2/60/833

李普定 1/35/440

5/226/2885

5/233/2951

李栖筠　2/80/1121

　　　　3/138/1819

　　　　3/139/1847

　　　　4/205/2695

李　圻　4/170/2384

李奇容　3/142/1927

李　祈　3/140/1874

*李　琦　3/123/1616

*李　琦(李沐)

　　　　3/123/1612

李齊物　1/1/25

　　　　1/5/151

　　　　1/6/173

　　　　1/49/576

　　　　1/51/616

　　　　1/52/646

　　　　3/131/1731

　　　　3/136/1778

　　　　4/194/2558

　　　　4/203/2658

李齊晏　3/152/2099

李齊運　1/1/34

　　　　1/51/621

　　　　2/79/1094

李　錡　3/137/1797

　　　　3/138/1823

　　　　3/140/1883

　　　　3/141/1912

李　玘　4/169/2376

李　玘(李記)

　　　　3/151/2090

李千里(李仁)

　　　　2/59/807

　　　　2/79/1082

　　　　3/101/1374

　　　　3/129/1696

　　　　4/189/2485

　　　　4/191/2527

　　　　5/257/3046

*李千里(李仁)

　　　　5/222/2834

李　遷　3/110/1477

李　謙　5/229/2916

李謙順　4/201/2640

　　　　5/236/2971

李　虔　3/144/1981

李虔緒　3/104/1409

李乾祐　3/98/1325

　　　　3/152/2109

　　　　5/275/3128

李乾祐(李爽)

　　　　3/103/1393

　　　　3/109/1463

　　　　4/187/2476

　　　　5/310/3230

李　鐈　1/15/293

李　鐈(李鎬)

　　　　4/176/2451

李　欽　1/18/333

李欽憲　1/14/285

李　瓊　5/231/2942

　　　　5/275/3149

李　璩　2/64/888

李　衢　4/171/2397

李全璧　4/209/2735

李全略　3/109/1470

李全略（王日簡）

　　　　2/91/1282

　　　　3/109/1470

　　　　3/110/1485

　　　　3/110/1485

李全璋　2/67/949

李全忠　3/116/1561

李　筌　4/190/2525

　　　　5/附/3301

李　權　1/13/277

　　　　1/23/364

　　　　4/203/2659

李讓夷　3/123/1624

李仁鈞　4/167/2355

李仁璹　4/167/2359

李仁元？　4/161/2255

李仁宗　5/附/3318

李仍叔　4/166/2337

李仍叔？　1/54/703

李日敷　5/276/3150

李日周　1/30/420

李　戎　2/93/1297

李容成　3/130/1713

李　容（李顥）

　　　　5/284/3163

李　融　1/53/675

　　　　2/57/770

　　　　2/68/959

　　　　3/126/1659

　　　　4/203/2660

李　融（李茂融）

　　　　3/133/1747

李　鎔　5/232/2950

　　　　5/236/2975

李如暹　1/10/241

李如玉　4/191/2528

*李　汭　3/106/1441

李　銳　2/68/964

　　　　2/72/1008

　　　　4/192/2539

李若初　1/52/652

　　　　2/58/794

　　　　3/137/1797

　　　　3/142/1937

　　　　3/146/2009

　　　　3/151/2085

李若水　3/131/1731

李弱翁　3/132/1743

李僧惠　2/56/753

李善白　3/147/2032

李善行　5/附/3302

李上公　1/51/624

李上金　1/7/196

　　　　2/60/829

　　　　2/82/1153

　　　　3/130/1710

　　　　3/136/1776

　　　　3/139/1839

　　　　4/192/2537

*李上金　5/222/2828

李上善　3/147/2020

　　　　4/191/2527

李上義　1/5/142

　　　　1/13/265

　　　　1/15/291

　　　　2/68/959

　　　　2/81/1136

　　　　2/84/1173

　　　　3/123/1606

李尚賓　1/10/236

李尚詞（李尚辭）

　　　　3/133/1749

李尚辭　4/158/2196

李尚隱　1/1/17

　　　　1/3/73

　　　　1/48/532

　　　　1/49/572

　　　　2/79/1085

　　　　3/116/1549

　　　　3/123/1613

　　　　5/222/2841

　　　　5/257/3050

　　　　5/275/3131

李尚貞　3/99/1349

李　韶　3/135/1772

李少和　1/53/676

　　　　4/157/2181

李少康　2/56/749

　　　　2/64/892

　　　　2/76/1046

　　　　3/138/1816

李　紹　1/9/230

　　　　2/66/925

　　　　3/128/1684

李　深　1/54/696

　　　　3/146/2007

李　紳　1/50/593

　　　　2/55/734

　　　　3/123/1623

　　　　3/123/1624

　　　　3/125/1653

　　　　3/130/1721

　　　　3/142/1940

　　　　4/157/2182

李　祦　1/11/248

李　詵　1/51/627

李神符　1/5/137

　　　　2/89/1235

3/123/1600

5/附/3273

5/附/3334

李神福 3/128/1692

5/附/3337

李神通 1/27/396

李睿交 1/44/495

李 慎 2/64/887

2/68/958

2/69/970

2/87/1215

3/102/1383

3/103/1394

3/135/1765

4/189/2484

4/195/2567

4/195/2568

4/195/2570

*李 慎 1/27/397

李慎名 1/1/19

李昇朝 2/63/876

李昇期 3/103/1397

3/141/1904

李 晟 1/1/33

1/5/155

2/79/1095

*李 晟 1/7/202

李師道 2/66/931

2/71/999

李師古 2/66/930

2/76/1051

李師稷 3/124/1640

3/142/1941

李師素 5/233/2956

5/284/3163

李師泰 4/202/2653

5/225/2884

李師望 3/144/1981

5/237/2981

5/246/3020

5/附/3364

李師悦 3/140/1894

李 石 1/2/50

1/48/552

2/90/1264

4/189/2510

4/195/2588

李 實 1/1/37

3/131/1732

4/169/2374

李士都 4/216/2779

李士衡 3/105/1429

5/附/3312

李士舉(李事舉)

3/139/1851

李士素 1/48/557

李士英(李容)

3/126/1670

李士真　3/110/1483

李世嘉　3/139/1837

李世嘉（李嘉）

　　　　3/142/1923

＊李世民　1/1/3

　　　　1/39/452

　　　　1/49/558

　　　　2/79/1076

　　　　5/222/2824

李世壽　5/310/3227

李　拭　1/2/54

　　　　1/5/162

　　　　1/51/629

　　　　2/90/1265

　　　　3/124/1640

　　　　5/附/3290

李　拭（李柱）

　　　　3/142/1942

李適之　1/27/402

　　　　1/49/574

　　　　1/49/574

　　　　1/51/616

　　　　3/98/1334

　　　　3/116/1550

　　　　4/163/2278

　　　　4/191/2528

　　　　4/210/2744

李釋子　1/19/339

　　　　1/40/471

　　　　1/41/476

　　　　5/246/3017

李守宏　3/105/1429

李守禮　1/6/170

　　　　1/15/292

　　　　2/58/788

　　　　2/81/1138

　　　　4/189/2487

＊李守禮　1/25/373

　　　　2/57/764

李守徵　1/40/472

李　授　4/198/2620

李叔良　1/13/262

李　紓　1/4/121

　　　　2/58/793

　　　　3/145/1992

李　述　2/73/1016

＊李　述　5/257/3057

＊李順節　3/137/1807

李　說　2/84/1180

李　說（李悅）

　　　　2/90/1258

李思安　2/63/884

李思恭　1/34/438

　　　　5/258/3074

李思恭（拓拔思恭）

　　　　1/2/61

　　　　1/16/311

李思儉　2/92/1288

李思諫　1/6/189
　　　　　1/10/243
李思諫(拓拔思諫)
　　　　　1/16/311
李思敬　1/7/212
李思敬(拓拔思敬)
　　　　　4/209/2740
李思明　1/42/481
李思摩　1/16/299
李思順?　4/190/2516
李思文　1/31/423
　　　　　2/89/1240
　　　　　2/94/1300
　　　　　3/107/1447
　　　　　3/137/1785
　　　　　4/159/2216
李思孝　1/16/303
李思孝(拓拔思孝)
　　　　　1/7/212
李思行　5/236/2969
李思絢　3/147/2022
李思訓　1/5/144
　　　　　5/222/2835
李思貞　1/43/488
　　　　　1/47/515
　　　　　3/142/1927
　　　　　3/145/1988
李思徵　5/附/3285
李思忠　3/145/1989

李嗣本　2/91/1284
李嗣璘　3/105/1429
李嗣業　1/52/648
*李嗣業　1/46/512
　　　　　1/47/519
李嗣昭　2/86/1212
李嗣真　2/86/1195
李嗣周　1/5/167
李　嵩　1/35/442
李　竦　4/164/2299
李　素　1/50/587
　　　　　3/139/1853
　　　　　3/146/2010
李素節　1/5/140
　　　　　2/80/1113
　　　　　3/128/1684
　　　　　3/133/1747
　　　　　4/165/2311
　　　　　4/216/2781
*李素節　1/1/7
李素立　1/22/354
　　　　　1/26/386
　　　　　2/79/1079
　　　　　4/211/2750
　　　　　5/227/2893
李素立?　5/310/3229
李素價　4/202/2654
李　速　4/175/2439
李　宿?　5/260/3088

李　愬	1/5/156			3/124/1635
	1/8/224	李　唐	4/171/2399
	2/64/898	李　璙	2/84/1184
	2/81/1146	李　濤	3/126/1669
	2/86/1202	李　韜	1/53/675
	3/98/1341	李　騰	2/83/1164
	4/189/2501	李體仁(李可仁)	
	4/190/2522		4/158/2210
李　鷞	3/125/1652	李　遏	5/257/3058
李　隨	2/55/724	李　恬	3/104/1419
	2/57/766	李　瑱	3/123/1613
	2/73/1018	李　迢(李岧、李佋、李巖)	
李　璲	1/13/279		5/257/3069
	2/76/1056	李　聽	1/5/159
	5/257/3067		1/6/182
*李　璲(李濰)			1/16/307
	1/49/573		1/18/331
	5/257/3051		2/57/774
李　燧	4/195/2596		2/59/818
李太直	1/19/345		2/64/899
*李　泰	1/1/4		2/79/1100
	1/7/194		2/90/1261
	3/100/1355		2/92/1291
	3/123/1600		3/98/1342
李　檀	2/63/870		3/124/1637
李　坦	3/152/2106		3/135/1770
	4/171/2397	李庭弼	5/附/3321
李　湯	1/2/60	李庭光	1/43/487
李　湯(李陽)		李庭誨	2/69/975

李庭望 2/55/723

李庭訓（李廷訓）

　　　　3/103/1399

李庭言 3/124/1633

李庭遠 2/77/1064

＊李　俹 1/31/429

李　珽 3/133/1753

李　通 2/66/927

　　　　3/130/1718

　　　　4/175/2439

　　　　5/244/3009

李同恩 4/158/2195

李同捷 2/69/980

　　　　3/109/1470

李　彤 4/162/2268

　　　　4/190/2523

李桐客 4/210/2742

　　　　4/214/2767

李　穜 2/57/781

李　穜（李種）

　　　　2/66/939

李推賢 5/223/2866

李　琬 1/26/390

　　　　3/116/1542

　　　　3/145/1992

＊李　琬 1/25/374

＊李　琬（李滉）

　　　　1/1/17

　　　　1/31/425

李　綰 3/142/1946

＊李　綰 3/98/1342

李萬卷 4/158/2202

李萬頃 1/30/420

李萬榮 2/55/729

李萬瑀 2/70/994

李惟誠 2/67/952

　　　　2/69/978

　　　　2/74/1029

李惟誠? 2/73/1019

李惟簡 1/5/156

李惟岳 3/106/1438

李　維 5/235/2965

李　位 3/153/2118

　　　　4/165/2315

　　　　4/197/2612

　　　　5/290/3179

　　　　5/附/3343

李　洧 2/64/895

　　　　4/196/2602

李偉之 5/271/3118

李　渭 5/233/2954

李　暐 1/18/325

　　　　3/103/1398

　　　　3/109/1467

李　煒 2/70/988

李　鞇 3/105/1429

李　蔚 1/2/57

　　　　1/48/555

	2/55/739	李無言	3/136/1777
	2/90/1269		3/139/1840
	3/123/1626		3/147/2023
李　顗	5/224/2871	李西華	3/110/1483
李　緯	1/49/560		4/204/2675
	1/52/638	李希烈	2/61/852
	2/79/1079	李希聖（李彥堅）	
	3/116/1541		3/152/2110
	4/195/2566	李希實	4/210/2749
李文博	5/229/2912	李希言	3/139/1844
李文德	3/112/1499		3/142/1933
李文弘	5/295/3194		4/205/2695
李文會	2/78/1069	李億伯	4/206/2715
李文暕	1/52/640	李襲譽	1/4/104
	3/116/1542		1/39/455
李文舉	3/127/1679		2/79/1077
	3/143/1957		2/86/1193
	3/144/1978		3/123/1601
	3/147/2034	李襲譽?	3/138/1811
李文孺	3/143/1955	李襲志	2/84/1170
李文通	3/130/1719		4/158/2193
	5/230/2937		5/275/3126
李文悦	1/18/332		5/275/3127
	1/19/342	李　系	3/108/1459
	1/22/360	李　係	2/69/984
	2/69/980		4/166/2344
李　汶	4/204/2675	李仙舟	3/153/2113
李問政	3/126/1660	李　先	3/145/1991
李無虧	1/43/487		5/224/2871

李 銛 1/2/42
　　 1/7/205
　　 2/56/755
李 暹 1/18/324
　　 2/84/1176
　　 3/105/1425
李 咸(李減)
　　 3/152/2104
李咸忻 4/218/2798
李 賢 1/5/140
　　 1/39/457
　　 2/69/970
*李 賢 1/1/7
　　 3/116/1541
　　 3/123/1603
*李 顯 1/49/562
　　 2/89/1238
　　 5/222/2830
李 峴 1/1/22
　　 1/1/24
　　 1/5/150
　　 3/98/1336
　　 3/146/2006
　　 4/166/2327
　　 4/171/2392
　　 4/195/2580
　　 4/195/2582
　　 5/225/2880
*李 � 1/47/520

李 憲 2/80/1124
　　 2/87/1218
　　 3/101/1378
　　 4/157/2183
　　 5/257/3063
李 憲(李成器)
　　 1/4/110
　　 1/5/145
　　 1/13/266
　　 2/79/1083
　　 2/80/1132
*李 憲(李成器)
　　 1/1/13
　　 3/123/1609
　　 3/123/1610
李獻誠 3/108/1459
李 祥(李詳)
　　 4/193/2552
李 湘 3/130/1718
　　 5/278/3156
　　 5/279/3158
李 詳 1/3/97
李 象? 3/131/1728
李象古 4/165/2316
　　 4/167/2356
　　 5/310/3236
李 脩 1/2/43
　　 1/8/224
　　 3/137/1798

李　脩（李修）
　　　　2/80/1124
李曉庭　5/271/3118
李　孝　1/4/106
　　　　1/27/398
　　　　5/230/2932
*李　孝　2/89/1238
李孝斌　1/11/245
李孝昌　1/7/211
李孝常　4/208/2723
李孝恭　1/10/242
　　　　2/81/1134
　　　　4/189/2481
　　　　4/195/2564
　　　　4/200/2629
　　　　4/205/2687
　　　　5/附/3326
　　　　5/附/3334
李孝基　1/51/605
李孝節　1/18/319
李孝廉　3/120/1578
　　　　3/139/1838
　　　　3/142/1926
李孝儒　4/167/2347
李孝鋭　1/19/339
李孝同　4/183/2470
　　　　5/231/2940
李孝協　3/107/1447
李孝逸　3/138/1812

　　　　3/142/1926
　　　　4/176/2451
　　　　5/222/2831
李孝逸（李逸）
　　　　5/257/3043
李孝義　3/102/1382
　　　　3/107/1445
李　偕　3/153/2113
李　忻　1/34/439
　　　　5/308/3224
李　昕?　4/163/2281
李　欣　2/62/862
李興幹　1/19/341
李興公　3/107/1445
李行褒　2/91/1277
　　　　4/170/2380
　　　　4/205/2690
李行淳　2/74/1027
李行岡　5/236/2971
李行穆　3/153/2114
　　　　4/156/2146
李行袞　5/300/3202
李行師　5/237/2977
李行樞　4/208/2729
李行蕭　4/194/2558
李行休　1/54/692
　　　　2/61/848
　　　　4/157/2169
李行修　5/257/3065

李行循　3/103/1401

李行言　2/72/1008

李行禕　2/55/741

李行正　2/63/875

　　　　4/203/2657

李行周　5/225/2883

李休古　3/143/1958

李休光　1/1/17

　　　　1/3/72

　　　　2/89/1249

　　　　3/132/1740

李休烈　3/105/1423

李休祥　3/119/1575

李脩行　1/54/688

李秀璋　2/65/916

李秀璋（李琇璋）

　　　　1/45/501

李　岫　4/172/2406

李　頊　1/54/688

　　　　3/146/2013

李　諝　3/143/1955

　　　　3/153/2118

李　緒　4/203/2657

李　續　1/51/630

　　　　2/64/888

　　　　2/68/966

　　　　3/126/1659

李　續（李續之）

　　　　4/221/2818

李　咺　2/83/1166

李　宣　4/162/2267

　　　　4/202/2650

李　萱　2/80/1121

李　暄　3/144/1977

　　　　5/240/2997

　　　　5/244/3009

李　玄　3/130/1723

　　　　4/158/2213

李玄義　3/137/1783

李玄表　3/132/1739

李玄道　3/116/1539

　　　　3/131/1727

　　　　3/138/1810

李玄禮　1/18/336

李玄禮（李元禮）

　　　　1/16/310

李玄明　2/75/1034

李玄嗣　5/242/3004

李玄挺　3/100/1360

李玄通　3/112/1496

李玄同　2/74/1026

李玄運　1/31/421

李　璿　5/234/2959

　　　　5/260/3088

李　勛　2/80/1122

李　荀　2/57/779

　　　　3/124/1642

李　洵　3/151/2096

李　循　4/207/2721

李　詢　3/130/1711
　　　　5/附/3366

李　詢(李絢)
　　　　4/174/2430

李　巽　3/138/1822
　　　　4/157/2179
　　　　4/166/2332

李　遜　1/2/44
　　　　1/5/157
　　　　2/59/816
　　　　3/127/1677
　　　　3/138/1824
　　　　3/142/1938
　　　　3/146/2011
　　　　4/189/2500
　　　　5/附/3350

李　愻　2/63/873
　　　　2/65/910
　　　　3/102/1384

李亞卿　2/88/1232

李亞丘　3/151/2080

李延光　4/221/2816

李延業　2/73/1018
　　　　5/233/2955

李延澤　4/167/2358

李延之　1/8/217

李延宗　3/111/1489

李　綖　3/113/1524

李　顔　4/175/2449

李　偃　3/109/1466

*李　琰　1/39/464

*李　琰(李洽、李嗣真)
　　　　2/89/1248

李　演　1/16/306

李　巘　3/125/1652
　　　　4/161/2248

李彥輔　5/235/2965

李彥徽　5/227/2904

李彥徽(李繼徽)
　　　　3/140/1895

李彥韜(温韜)
　　　　5/附/3278
　　　　5/附/3278

李彥圖(李圖)
　　　　4/161/2256

李彥允　2/55/721

李彥昭　4/210/2749

李彥佐　1/7/210
　　　　1/18/332
　　　　1/18/334
　　　　2/64/900
　　　　2/66/935
　　　　3/109/1472

李　晏　2/72/1006

李宴元　1/16/310

李　鷃(李鸇)
　　　　2/87/1222

李 曜(李擢)
　　3/148/2050
李 業 1/4/111
　　1/6/171
　　1/13/281
　　1/16/309
　　2/57/778
　　2/58/789
　　2/66/937
　　2/90/1266
　　3/101/1375
*李 業 4/195/2573
李 業(李安業)
　　1/5/161
李 業(李隆業)
　　1/13/266
*李 曄(李傑)
　　3/116/1561
李 曄(李煜)
　　1/5/151
　　2/58/791
李 揖 1/4/117
　　1/10/239
　　4/205/2695
李褘之 5/290/3175
李 褘 2/57/765
李夷簡 3/123/1621
　　4/159/2225
　　4/189/2499

　　5/222/2851
李夷吾 4/193/2554
　　4/194/2559
李宜臣 2/65/919
李貽孫 3/151/2091
　　4/200/2637
　　4/202/2652
李 嶷 2/76/1046
李 椅(李琦)
　　1/3/78
　　2/58/792
李 椅(李琦、李錡)
　　3/151/2082
李 佚 4/156/2147
李 翊 4/166/2338
李 義 3/106/1430
　　4/204/2667
李義本 4/156/2139
李義琛 1/1/10
　　1/5/142
　　4/205/2689
李義範 4/206/2712
李義府 5/231/2941
李義節 5/226/2886
李義滿(李滿)
　　5/附/3311
李義琰 1/52/640
李 廙 1/49/581
　　4/170/2382

李　廙（季廙）
　　　　3/148/2042
　　　　3/149/2057
李　誼　2/67/946
*李　誼（李謨）
　　　　3/123/1619
李　嶧　2/57/780
　　　　5/225/2881
李　翼　1/51/622
　　　　3/132/1738
李　懿　1/3/76
李殷鋭　2/86/1209
李　憎　1/5/139
　　　　2/58/783
　　　　3/134/1755
　　　　4/189/2483
*李　愔　1/16/300
　　　　5/222/2826
李　愍　2/94/1302
李　譚　3/124/1634
李　崟　3/143/1951
李寅義（李季義）
　　　　3/152/2098
李　英　3/144/1967
李　應　3/139/1855
　　　　3/140/1885
李　邕　1/15/291
　　　　2/57/765
　　　　2/58/788

　　　　2/60/832
　　　　2/72/1004
　　　　2/74/1028
　　　　2/76/1047
　　　　2/85/1188
　　　　3/101/1376
　　　　3/102/1387
　　　　3/149/2055
　　　　4/164/2294
　　　　4/220/2808
李　廓　1/2/39
　　　　1/2/40
　　　　1/5/156
　　　　2/90/1259
　　　　3/123/1620
李永定　3/117/1566
　　　　3/119/1574
李　泳　1/25/381
　　　　1/52/658
李　詠　5/235/2967
李　用　1/6/182
李　遊　4/163/2287
李游道　1/51/611
李　友（李宥）
　　　　3/138/1832
　　　　3/139/1865
李友諒　2/95/1306
李幼公　3/141/1915
李幼良　1/39/454

李幼卿 3/125/1650

李幼清 3/147/2029

李 佑 2/81/1146

*李 宥 2/61/853

李 祐 1/6/168

　　　 1/13/275

　　　 1/16/307

　　　 1/22/360

　　　 2/73/1012

　　　 3/109/1471

　　　 3/117/1566

李 誘 4/174/2420

李 玗 1/19/343

李 畬（李玉田）

　　　 3/99/1350

*李 逾 1/8/222

李 瑜 1/53/667

李 虞 4/165/2317

　　　 5/附/3344

李虞仲 1/3/89

李 庚 4/166/2343

　　　 4/192/2544

李 瑀 4/205/2695

李 聿 3/148/2041

李 郁（李都）

　　　 5/262/3094

李育德 5/附/3296

李 域 5/290/3187

李 遇 3/138/1834

　　　 4/156/2165

　　　 5/295/3194

李 遇（李遇及）

　　　 3/123/1614

李 裕 2/65/913

　　　 2/72/1005

　　　 3/133/1749

　　　 4/166/2344

李 鷸 4/172/2402

李 元 5/244/3010

李 元? 5/263/3096

李元昌 1/3/68

　　　 1/39/455

　　　 4/205/2687

李元澄 3/153/2112

李元淳（李長榮）

　　　 1/52/653

　　　 2/86/1201

李元軌 2/64/887

　　　 2/69/970

　　　 2/76/1043

　　　 2/80/1111

　　　 3/112/1498

　　　 3/112/1499

　　　 3/130/1709

　　　 4/189/2485

李元軌? 5/291/3188

李元亨 4/203/2655

李元紘 2/68/961

　　　2/79/1086
李元吉　2/89/1234
　　　5/附/3273
*李元吉　2/83/1159
　　　　2/89/1236
李元嘉　2/80/1114
　　　2/86/1193
　　　2/87/1216
　　　3/112/1499
　　　5/230/2932
李元緘　2/66/926
李元景　1/7/195
　　　1/27/398
　　　4/195/2565
*李元景　1/1/4
　　　　3/135/1763
李元璥　2/75/1036
李元恪　3/107/1455
李　元(李元真)
　　　3/144/1964
李元禮　1/53/664
　　　2/64/887
　　　2/80/1112
　　　2/86/1194
李元諒(駱元光)
　　　1/3/79
李元名　1/53/664
　　　1/53/666
　　　2/56/743

2/57/761
2/57/761
2/59/804
2/76/1043
2/95/1305
3/130/1709
4/208/2725
李元平　1/54/697
李元慶　2/57/761
　　　2/61/844
　　　2/64/887
　　　2/85/1186
　　　3/101/1371
　　　3/105/1422
李元慎　3/104/1413
李元素　2/57/771
　　　3/137/1798
　　　5/300/3203
李元喜　4/201/2642
　　　5/310/3237
李元系　4/201/2641
李元祥　1/5/138
　　　1/7/196
　　　1/53/665
　　　3/139/1837
　　　4/190/2512
　　　4/203/2656
李元晶　2/70/995
李元曉　2/58/782

李元宗 3/153/2120
　　　5/290/3180
李元綜 4/195/2575
*李 諒 2/86/1200
李 遠 3/141/1919
　　　3/143/1958
　　　3/152/2107
　　　4/158/2208
　　　4/165/2318
　　　4/202/2652
李 瑗 3/104/1408
　　　3/116/1538
　　　4/189/2481
　　　4/200/2629
李 愿 1/5/157
　　　1/16/306
　　　2/55/731
　　　2/60/830
　　　2/64/898
　　　2/79/1099
　　　3/99/1349
　　　4/192/2543
李 約 3/134/1760
李 岳 3/104/1411
李雲將 1/15/290
*李 澐(李璬)
　　　3/122/1594
李允義 1/12/256
李 惲 2/59/804

2/64/888
2/87/1215
4/156/2140
李元懿 1/53/664
　　　2/69/969
　　　2/80/1112
　　　2/86/1194
　　　3/135/1764
李元嬰 2/61/845
　　　3/130/1711
　　　3/139/1838
　　　4/157/2169
　　　4/203/2656
　　　4/205/2690
　　　4/216/2780
李元瑜 3/152/2105
李元裕 2/69/970
　　　3/130/1710
　　　3/134/1755
　　　4/189/2484
　　　4/190/2512
　　　4/205/2687
李元則 2/61/844
　　　3/145/1986
　　　4/174/2420
　　　5/230/2931
李元正 3/122/1595
李元忠(曹令忠)
　　　1/47/520

	2/88/1229	
	3/100/1357	
	3/104/1408	
	3/135/1764	
	4/189/2483	
	4/205/2688	
	5/230/2932	
李　運	4/163/2289	
*李　運	3/109/1468	
	3/116/1557	
李載義	2/90/1262	
	2/90/1263	
	4/205/2702	
	5/附/3331	
李載義(李再義)		
	3/116/1557	
李再春	2/84/1180	
	3/99/1352	
李　瓚	3/101/1379	
	3/151/2093	
	5/275/3147	
李擇言	1/5/148	
	3/100/1363	
	4/205/2692	
	5/223/2862	
*李　澤	3/106/1441	
李　曾	4/193/2550	
李　瞻	3/138/1830	
李　湛	2/80/1117	

	3/104/1411	
	4/217/2789	
李　章	4/158/2209	
李　漳	5/279/3158	
李　璋	2/90/1272	
	4/156/2161	
	4/166/2342	
李　樟	4/175/2439	
李　佋	4/163/2288	
李　昭	3/138/1830	
	3/139/1867	
李昭貴	3/104/1409	
李　肇	3/144/1980	
	4/174/2427	
*李　哲	1/1/9	
李　貞	2/61/846	
	2/64/886	
	2/80/1112	
	3/100/1357	
	3/100/1358	
	3/123/1601	
	3/135/1765	
	3/139/1839	
	5/227/2893	
李　振	2/76/1058	
	3/144/1984	
	4/161/2254	
李　振?	3/143/1960	
李　震	2/87/1215	

3/153/2116

3/153/2119

5/275/3128

李　震（李振）

　3/105/1423

李　震（徐震）

　5/229/2913

李　積　1/52/647

李　翿　1/3/86

　4/203/2662

李正臣　3/147/2029

　4/161/2249

李正辭　4/203/2662

李正範　4/158/2208

李正己　2/66/930

李正己（李懷玉）

　2/76/1050

李正己（李匡文？）

　3/155/2135

李正明　1/18/319

李正明（李政明）

　1/14/283

李正卿　2/74/1031

　3/135/1771

　4/216/2784

　5/227/2902

　5/232/2948

　5/237/2981

李　政　5/235/2962

李之芳　5/222/2845

李之行？　3/155/2131

李之遥　4/220/2810

李知古　5/246/3020

李知讓　1/6/185

李知柔　1/2/63

　2/79/1088

　3/123/1613

　5/257/3071

李　祗　2/55/724

　2/57/766

　2/66/927

　3/129/1699

李直臣　1/6/183

　5/附/3306

李直方　4/161/2251

　5/258/3077

李直瓘　3/110/1479

李執方　1/52/658

　2/59/820

　2/86/1204

　3/112/1510

李　植　2/86/1198

　2/87/1220

李至遠（李鵬）

　4/212/2758

李　志　2/70/989

李志德　1/15/292

*李　治　2/89/1237

李　紱　4/221/2818

李　質　3/103/1398

李　驚　4/157/2188

李中敏　3/141/1917

　　　　3/145/1996

李　忠　4/197/2608

　　　　4/205/2688

*李　忠　1/1/6

李忠臣　1/1/33

　　　　1/5/153

　　　　2/55/727

　　　　3/135/1768

李忠臣(董秦)

　　　　2/61/852

　　　　2/67/950

　　　　3/110/1483

李忠順　1/25/381

李忠徇　5/225/2878

李忠勇　5/225/2881

李仲康　3/124/1633

李仲遷　3/112/1509

　　　　3/113/1524

李仲昇　2/90/1272

李仲文　2/84/1168

　　　　2/89/1235

李仲宣　3/110/1481

　　　　3/147/2023

李仲玄　1/49/565

李仲宜　3/144/1971

李仲章　3/152/2109

李　重　5/246/3019

李重福　4/196/2601

　　　　4/213/2762

　　　　4/218/2796

*李重福　2/67/947

李重古　1/6/188

*李重俊　1/49/568

　　　　3/123/1608

李重茂　4/197/2610

　　　　4/213/2762

*李重茂　2/89/1243

李重英　3/118/1570

李　衆　3/150/2071

　　　　4/166/2334

李衆甫　4/173/2417

李　舟　3/149/2060

　　　　4/161/2249

　　　　4/198/2618

李　仙　5/附/3343

李　宙　4/194/2560

　　　　5/262/3093

李　注　4/206/2714

李　篆　4/193/2555

李　譔　4/210/2743

李　莊　2/56/745

李　卓　3/112/1507

李　琢　2/56/757

　　　　2/59/821

2/76/1055

3/104/1419

3/109/1473

3/130/1723

3/137/1803

5/附/3292

李 琢（李涿）

5/310/3239

李 暐 4/194/2557

李 濯 1/6/172

1/8/219

1/10/238

李子旦 2/64/888

李子碓 3/127/1672

李子和 1/24/366

3/145/1987

4/175/2436

李子和（郭子和）

1/18/317

李自昌 5/226/2889

李自良 2/90/1258

2/91/1280

李自挹 3/141/1900

李 宗 3/124/1644

3/128/1694

4/163/2290

李宗長 5/236/2973

李宗臣 3/137/1785

李宗閔 3/140/1889

3/141/1917

3/143/1956

3/155/2134

4/205/2702

5/228/2909

5/266/3107

李宗奭 3/109/1469

李宗元 1/12/260

李 縱 4/203/2660

李 縱? 4/168/2364

李祖隆 1/43/486

李 遵 1/11/247

2/61/851

2/73/1018

2/74/1028

4/163/2279

李 佐 3/133/1750

4/192/2541

4/202/2652

4/204/2675

5/275/3136

李 佐? 4/157/2176

【荔】

荔非元禮 1/52/649

*荔非元禮 1/46/512

1/47/519

荔菲某（荔非某）

5/224/2870

【厲】

厲文才　3/145/1987
　　　　5/300/3202
厲　玄　3/147/2034

【廉】

廉　範　1/53/685
廉方實　3/114/1534
廉　璡　3/144/1967

【梁】

梁褒先　4/168/2366
梁伯倫　2/68/964
梁　乘　1/4/120
　　　　2/64/895
　　　　4/162/2262
梁崇嗣　4/190/2521
梁崇義　4/189/2496
梁　宣　3/116/1542
梁公儒　3/107/1454
梁進用　1/12/259
梁　禮　1/7/193
梁令直　3/155/2130
　　　　4/177/2454
梁　某　1/4/103
　　　　4/168/2361
梁難敵　5/310/3230
梁仁裕　1/27/396

梁仁昭　3/144/1965
梁昇卿　3/115/1535
　　　　5/257/3051
梁叔明　2/67/953
梁思謙　5/250/3032
梁惟忠　3/139/1839
　　　　3/151/2079
梁希逸　2/92/1291
梁　巘　1/53/663
　　　　5/附/3362
梁　宰　1/46/511
梁載言　1/52/643
梁知微　3/139/1841
　　　　4/166/2325
梁　纘　3/126/1669

【廖】

廖彥若　3/153/2122

【林】

林　藹（林靄）
　　　　5/270/3116
林　鄂　3/153/2113
　　　　3/153/2122
林郇陽　5/260/3089
林　蒩　3/151/2088
林簡言　3/155/2134
林景師　5/260/3088
林君霈　5/323/3261

林 邁 1/4/126
林 披 3/147/2027
　　 3/154/2125
　　 4/166/2327
　　 5/265/3103
林 嵩 4/203/2666
林萬寵 2/87/1220
　　 3/108/1458
　　 4/159/2219
林 葦 5/260/3088
　　 5/263/3097
林 緒 5/321/3258
林玄泰 3/114/1529
林 洋 2/71/998
　　 3/137/1791
　　 3/138/1817
　　 3/139/1842
　　 3/146/2004
　　 3/152/2100
林 曄 4/210/2747
林游楚 1/7/197
　　 2/60/830
　　 4/206/2713
林 煜 5/321/3259
林 蘊 4/172/2403
林 助 4/162/2271
林 著 5/293/3191

【藺】

藺 杲 4/190/2519

藺 衡 3/113/1516
藺 謨 1/48/525
　　 2/63/870
藺 薈 2/91/1273
藺 某 1/2/66
藺仁基 1/14/284
　　 2/89/1239
　　 2/91/1276
　　 3/104/1409
　　 5/242/3004

【凌】

凌 準 3/126/1665

【陵】

陵陽公 5/222/2860

【令】

令狐峒 3/126/1665
令狐楚 1/3/85
　　 1/48/548
　　 1/50/591
　　 1/51/626
　　 1/52/656
　　 2/55/732
　　 2/66/933
　　 2/90/1262
　　 4/156/2153
　　 4/167/2356

4/193/2551

4/205/2703

令狐從　4/193/2553

令狐德棻　5/238/2985

令狐定　5/275/3145

令狐廣　2/57/767

令狐峘　4/162/2264

4/167/2352

令狐梅　2/67/953

3/111/1494

令狐權　4/167/2356

令狐思撫　1/53/666

令狐綯　1/5/164

2/55/738

2/79/1104

3/123/1626

3/140/1889

令狐通　2/60/838

2/60/838

2/65/917

2/74/1030

3/130/1719

4/191/2531

4/191/2532

5/附/3305

令狐脩穆　2/96/1310

令狐緒　1/54/705

2/76/1055

3/130/1723

4/192/2544

令狐繟　3/141/1920

令狐彰　2/57/767

3/99/1351

【劉】

劉　卞　4/220/2810

劉賓實　4/216/2783

劉秉仁　4/157/2192

4/158/2210

劉伯芻　2/58/796

劉伯華　4/198/2617

劉伯榮　2/79/1109

劉伯英　3/98/1325

3/142/1926

5/246/3015

5/275/3128

劉伯瑛　3/151/2077

劉布進　1/51/636

劉　宷　3/134/1759

劉　粲　2/87/1222

劉　岑　5/244/3010

劉　昌　1/13/272

2/67/951

劉昌魯　5/270/3116

劉昌美　4/200/2638

劉昌裔　2/59/815

2/60/837

劉昌元（劉昌源）

	1/27/402		1/4/104
劉長卿	4/158/2212		1/6/169
	4/192/2540		2/81/1135
劉　絑	3/126/1662		2/89/1234
劉臣璧	1/41/477		5/222/2826
劉成師	5/228/2910		5/227/2892
	5/240/2998		5/230/2932
	5/241/3003	劉德智	4/176/2450
劉承慶	2/96/1311	劉德智（劉德祖）	
劉崇□	3/137/1807		3/125/1646
劉崇龜	5/257/3070	劉端夫	4/173/2414
劉崇魯	1/28/412	劉　昉	3/127/1680
劉崇術	4/192/2537	劉　胐	2/55/719
劉崇望	2/64/906	劉　汾	4/159/2230
	5/229/2929		5/附/3346
劉崇直	5/236/2970	劉　符	2/61/858
劉　礎	1/7/209	劉福遊	4/159/2222
	4/190/2522		4/192/2540
劉從諫	2/86/1203	劉　感	1/13/262
劉從倫	3/125/1653		5/257/3042
劉　存	3/128/1693	劉　皋	1/19/344
	3/132/1744		1/27/405
	4/164/2308	劉　革	3/138/1831
劉大俱	1/17/313	劉公濟	1/4/123
劉道玄	3/109/1467		1/7/203
劉德敏	1/43/485	劉　肱	5/231/2942
	4/166/2323	劉寡悔	2/73/1019
	4/205/2689		3/151/2081
劉德威	1/1/5	劉　廣	1/13/268

劉　璟　2/63/878

劉　捍　2/56/759

　　　　2/78/1071

　　　　3/138/1833

劉漢宏　3/142/1947

　　　　5/附/3307

劉好順　2/65/916

　　　　2/69/978

　　　　2/83/1163

劉弘基　3/113/1516

　　　　4/173/2407

劉懷恩　3/153/2111

劉懷一　2/86/1196

劉　渙　1/47/518

劉　晃　4/169/2371

劉　彙　3/137/1792

　　　　4/195/2579

劉　彙?　3/141/1906

劉　繪　1/10/239

劉季真(李季真)

　　　　2/95/1304

劉　坦　1/15/296

　　　　4/198/2619

　　　　4/217/2794

劉　寂　2/84/1177

　　　　3/136/1776

　　　　4/207/2719

劉　濟　3/115/1536

　　　　3/116/1555

劉繼叔　5/附/3303

劉嘉言　1/53/668

劉建鋒　3/138/1832

　　　　3/138/1832

劉建鋒(劉建封)

　　　　4/166/2345

劉　金　3/125/1655

　　　　3/127/1681

劉　迥　4/162/2262

　　　　4/171/2392

劉　莒　2/69/983

劉巨鱗　5/257/3053

劉巨鱗(劉巨麟)

　　　　5/257/3052

劉巨容　3/143/1959

　　　　4/189/2509

劉君會(劉會)

　　　　5/附/3326

劉　浚　4/216/2781

劉　凱　3/99/1351

劉康乂　2/71/1000

劉　軻　3/104/1418

劉　寬　5/246/3019

劉　蘭　1/16/300

　　　　1/16/301

　　　　1/22/354

　　　　1/22/354

劉　蘭(劉蘭成)

　　　　2/91/1274

劉令璆 3/114/1533

劉　縉（劉瑨、劉緝）

　　　　4/165/2312

劉六兒 2/94/1299

劉　璐 5/225/2882

　　　　5/227/2903

劉　略 2/67/954

　　　　4/209/2738

劉　倫 2/78/1067

劉茂復 3/127/1678

劉　濛 4/173/2415

劉　沔 1/13/276

　　　　1/19/342

　　　　1/25/381

　　　　2/57/776

　　　　2/59/819

　　　　2/90/1264

　　　　2/90/1264

　　　　5/附/3289

劉　旻 1/12/254

　　　　5/237/2981

　　　　5/238/2988

　　　　5/310/3238

劉　佯 2/79/1106

劉　某 2/65/918

　　　　2/73/1021

　　　　2/92/1287

　　　　3/116/1547

　　　　3/125/1647

　　　　3/130/1722

　　　　4/159/2220

　　　　4/176/2453

　　　　4/212/2759

劉穆之 2/95/1305

劉南金 1/11/249

劉　寧 4/162/2262

劉　柸 3/103/1398

劉　怦 3/116/1555

　　　　3/116/1555

　　　　5/附/3329

劉　闢 5/222/2850

劉　頎 1/21/351

　　　　4/201/2642

劉栖楚 1/2/47

　　　　5/275/3141

劉　岐 3/154/2127

劉齊賢（劉景先）

　　　　4/178/2456

　　　　5/231/2941

劉　屺 2/87/1227

劉　契 3/128/1687

劉起伯 5/303/3218

劉　謙（劉知謙）

　　　　5/266/3107

劉乾宗 5/附/3358

劉　鈐 3/117/1568

劉　潛 5/264/3102

　　　　5/270/3117

劉欽忠　4/190/2525

劉秋子　2/60/834

　　　　3/128/1686

　　　　4/163/2278

劉全白　3/140/1882

　　　　5/附/3350

劉全諒（劉逸準）

　　　　2/55/730

　　　　2/56/754

劉　權　5/232/2949

劉　讓　2/65/921

劉仁霸　5/附/3328

劉仁恭　3/116/1562

劉仁規　1/52/660

　　　　3/127/1681

劉仁軌　1/15/290

　　　　1/31/422

　　　　2/76/1042

劉仁景　1/7/197

　　　　2/70/989

　　　　3/98/1329

劉仁遇　2/69/986

　　　　3/111/1495

劉日正（劉日政）

　　　　3/137/1790

劉如伶　2/64/894

劉如璿　2/69/971

劉如璿（劉璿）

　　　　3/101/1373

劉善因　1/4/106

劉　繕　5/275/3133

劉紹榮　4/162/2259

劉審禮　1/26/387

劉師立　1/35/441

　　　　5/228/2906

劉師善　2/83/1159

劉士寧　2/55/729

劉士政　5/275/3149

劉世讓　2/89/1235

　　　　5/257/3041

　　　　5/附/3280

劉守光　3/116/1562

劉守敬　1/49/567

　　　　3/140/1871

劉守謙　3/149/2057

劉守悌　1/51/615

劉守文　3/109/1475

劉守忠　3/136/1777

劉思禮　2/88/1230

劉太真　5/附/3342

劉體微　1/53/671

劉同昇　1/4/115

　　　　3/138/1817

劉　彤　2/56/748

劉　潼　1/18/334

　　　　1/53/682

　　　　2/86/1206

　　　　2/90/1267

　　　　　4/166/2341

　　　　　5/222/2856

　　　　　5/275/3145

劉　蜕　4/204/2680

劉　威　3/129/1708

　　　　　4/157/2191

　　　　　5/273/3123

劉　微　3/139/1843

劉　熅（劉渭）

　　　　　5/238/2988

劉　温　4/218/2800

劉温玉　2/59/810

劉　文　3/144/1983

劉　文（婁文）

　　　　　3/143/1959

劉文器　2/91/1275

劉文翼　5/240/2997

劉文昭　5/227/2894

劉　問　4/190/2519

劉翁勃　3/102/1382

劉無得　3/111/1490

劉　悟　2/57/772

　　　　　2/86/1202

　　　　　3/116/1556

劉希逸　2/79/1087

劉　銛　4/156/2165

劉　暹　2/84/1179

　　　　　3/141/1909

　　　　　5/260/3088

劉　咸（劉感）

　　　　　5/257/3041

劉　憲　4/220/2808

劉祥道　1/1/8

　　　　　2/79/1080

劉　信　3/125/1656

劉行範　3/104/1409

劉行及　3/127/1680

劉行實　3/124/1631

　　　　　4/180/2463

　　　　　5/238/2987

劉行瑜　4/219/2803

劉玄意　1/41/476

　　　　　1/54/687

　　　　　2/73/1013

　　　　　4/157/2169

劉玄育　3/113/1517

劉玄佐（劉洽）

　　　　　2/55/728

　　　　　2/56/753

劉　鄩　1/7/213

　　　　　2/74/1032

　　　　　2/78/1071

劉延景　1/51/610

劉延嗣　2/84/1171

劉延祐　2/88/1230

　　　　　5/310/3231

劉　彥？　3/141/1918

劉彥暉　1/8/226

劉彦謀　3/127/1679
劉　晏　1/1/25
1/1/25
1/1/26
1/3/77
1/11/247
1/15/293
1/49/579
3/141/1906
4/202/2649
4/210/2746
劉　鄴　1/5/165
3/123/1627
劉易從　2/67/946
劉　異　1/5/163
1/6/186
2/59/821
4/195/2593
劉義節(劉世龍)
2/73/1012
劉　隱　5/257/3072
5/266/3107
劉胤之　3/124/1630
劉　英　5/226/2886
劉穎秀　3/137/1809
劉穎考　2/67/955
劉　灉　1/27/404
3/114/1532
5/附/3329
劉永日　5/230/2930
劉幽求　3/141/1902
3/147/2022
4/168/2362
劉禹錫　1/4/129
1/54/703
3/126/1666
3/139/1857
4/169/2374
4/169/2375
4/183/2471
4/200/2636
劉　瑀　2/87/1224
劉　玉　5/264/3102
劉　元　2/87/1221
劉元鼎　2/61/855
2/80/1125
2/82/1156
3/130/1720
劉元楷　2/96/1311
劉元立　4/204/2667
劉元助　3/149/2054
劉　源　1/16/308
1/21/351
5/附/3329
劉　約　2/55/735
2/66/935
2/73/1020
3/109/1472

　　　　　　3/110/1486

　　　　　　3/111/1493

劉　約? 5/278/3156

劉　悅 4/206/2713

劉允章 1/48/555

　　　　　1/50/602

　　　　　3/148/2049

　　　　　4/164/2306

劉再立 2/97/1319

劉　贊 3/138/1822

　　　　　3/148/2044

　　　　　4/156/2150

劉　瓚 3/124/1644

劉　瞻 2/58/802

　　　　　2/62/867

　　　　　3/135/1763

　　　　　4/189/2481

　　　　　4/189/2482

　　　　　4/195/2565

　　　　　4/195/2593

　　　　　5/265/3105

　　　　　5/320/3257

劉　瞻（劉瞻）

　　　　　2/84/1168

劉　展 1/54/695

　　　　　2/56/752

　　　　　2/57/767

劉昭禹 5/295/3195

劉貞眘 1/13/267

劉　真 2/82/1156

劉　真（劉貞）

　　　　　5/附/3324

劉　軫 2/70/990

劉　積 2/86/1203

劉正臣（劉客奴）

　　　　　3/121/1590

劉政會 2/89/1235

　　　　　4/157/2167

劉知俊 1/4/136

　　　　　1/52/662

　　　　　1/53/684

　　　　　2/72/1009

劉知柔 1/4/110

　　　　　1/48/530

　　　　　2/56/747

　　　　　2/68/960

　　　　　2/72/1003

　　　　　3/123/1610

　　　　　4/191/2528

　　　　　4/195/2574

　　　　　5/222/2837

劉　植 3/140/1893

劉志經 5/238/2987

劉　秩 4/216/2782

劉　璪 1/50/597

　　　　　2/55/736

　　　　　2/90/1266

劉子長 3/137/1809

劉子騫　4/191/2530

劉子威　2/68/956

劉宗經　1/3/82

劉　總　2/66/932

　　　　3/114/1533

　　　　3/116/1556

劉　縱　5/232/2948

劉遵古　1/2/45

　　　　1/6/182

　　　　4/166/2336

　　　　4/204/2677

　　　　5/229/2922

【柳】

柳寶積　2/62/861

　　　　4/221/2814

柳　弼　3/102/1388

柳　璨　2/78/1071

柳常侍　5/222/2860

柳　超　3/147/2037

柳充庭（柳光庭）

　　　　3/119/1574

柳　冲　3/100/1360

柳崇禮　4/197/2607

柳楚賢　3/141/1899

　　　　5/275/3128

　　　　5/310/3229

柳存業　1/41/476

柳大隱　3/144/1964

柳德義　3/141/1921

柳　範　2/74/1025

　　　　2/92/1287

　　　　3/123/1604

　　　　3/145/1987

　　　　4/204/2668

　　　　5/238/2986

柳公綽　1/2/43

　　　　1/2/45

　　　　1/6/181

　　　　2/90/1262

　　　　4/164/2301

　　　　4/166/2334

　　　　4/189/2502

　　　　4/211/2754

柳公濟　3/112/1509

　　　　3/113/1524

柳　亨　1/5/140

　　　　5/237/2976

柳　亨?　2/68/957

柳懷素　3/131/1728

柳　渙　2/81/1140

柳　暉　1/11/252

柳　晦　5/248/3025

柳　渾　4/158/2200

　　　　4/163/2281

柳　絳?　2/69/975

柳　璟　4/168/2367

柳　俊　3/111/1489

柳　楷　1/30/417
　　　1/36/445
　　　2/75/1034
　　　4/197/2607
柳　寬　5/290/3186
柳良器　3/107/1453
柳　凌　1/54/701
柳　蒙　5/230/2937
柳　泌　3/144/1976
柳　冕　3/145/1994
　　　3/151/2085
柳明諶　3/126/1659
柳明蕭　2/55/713
柳　謨　3/101/1380
柳　某　5/附/3360
柳　玭　4/220/2812
　　　5/240/2998
柳栖朝（柳栖）
　　　3/117/1566
柳齊物　2/77/1062
　　　3/147/2023
柳　懃　4/178/2458
柳然明　4/176/2450
柳如芝　4/167/2350
柳　儒　3/105/1425
柳少安　3/155/2130
　　　4/160/2238
柳　紳　5/288/3172
柳　晟　4/205/2698

柳　奭　5/230/2932
　　　5/234/2958
　　　5/287/3167
　　　5/314/3248
柳叔璘（柳叔瑞）
　　　5/263/3097
柳思讓　4/214/2768
柳　泰　4/168/2368
柳　瑤　3/142/1946
柳　韜　3/143/1958
柳　遜（柳遏）
　　　3/151/2077
柳無忝　4/166/2326
　　　5/258/3075
柳　憙　1/2/55
　　　1/6/186
　　　1/50/598
柳秀誠　2/68/959
　　　2/75/1036
　　　5/224/2869
柳秀誠（柳季誠）
　　　3/123/1607
柳　奕　5/237/2978
　　　5/附/3336
柳　胤　1/15/291
柳　約　4/197/2610
柳　贊　3/107/1455
　　　5/242/3005
柳　澤　1/3/73

	1/53/670
柳貞望	4/158/2197
柳　震	2/66/924
	4/193/2546
柳鄭卿	4/215/2775
柳仲郢	1/2/53
	1/3/95
	1/48/554
	1/50/596
	1/50/597
	1/53/681
	2/58/801
	2/66/939
	4/205/2706
	5/229/2925
	5/321/3259
柳子華	5/附/3349
柳子温	1/9/231
柳宗元	4/172/2403
	5/288/3170

【婁】

婁傅會	4/176/2453
婁繼英	5/附/3278
婁敬思	1/3/99
婁　某(常尚貞?)	
	5/附/3331
婁　某(婁師德之弟)	
	2/91/1276

婁師德	1/22/356
	2/89/1242
婁　蘊	3/147/2020
	4/174/2420

【盧】

盧　慧	1/1/32
	3/151/2084
	4/159/2223
盧　安	4/216/2783
盧　昂	4/174/2421
	4/192/2540
盧寶胤	3/99/1347
	3/129/1695
盧　賓	5/289/3174
盧　并	5/233/2956
盧　搏	3/129/1705
盧　誧	4/198/2622
盧　粲	2/60/830
盧藏玘	5/237/2981
盧藏用	4/175/2437
盧昌嗣	5/附/3328
盧常師	2/80/1125
盧　徹	4/162/2265
盧成務	2/67/949
	3/98/1334
	3/104/1412
	3/130/1712
	3/141/1904

盧承基 4/193/2547
盧承慶 1/1/6
　　　 1/1/8
　　　 1/54/687
　　　 3/137/1784
　　　 5/222/2828
盧承泰 3/110/1478
盧承業 1/1/6
　　　 1/1/8
　　　 1/4/106
　　　 1/49/562
　　　 1/51/609
　　　 3/103/1393
　　　 3/123/1604
　　　 4/202/2645
盧　俶（盧淑）
　　　 3/105/1427
盧處潤 4/163/2289
盧傳禮 4/196/2603
盧　倕 4/167/2350
盧從史 2/86/1201
盧從愿 1/48/531
　　　 1/48/531
　　　 2/61/848
　　　 2/80/1118
　　　 5/222/2840
盧大道 4/195/2570
盧　耽 3/137/1804
　　　 4/189/2508

　　　 4/189/2508
　　　 5/222/2857
盧　憚 2/85/1190
盧　鐸 3/132/1744
盧　蕚 4/163/2284
盧　諤 5/230/2939
盧　璠 4/199/2626
盧方乂 4/206/2716
盧　玢 1/7/196
　　　 1/48/528
　　　 2/58/785
　　　 2/80/1115
　　　 2/89/1245
　　　 3/102/1384
盧　復 4/156/2149
　　　 4/200/2635
盧　鋼 3/147/2034
盧　告 1/52/660
盧　拱 3/133/1751
盧　構 2/75/1038
盧光乘 1/15/291
盧光稠 4/161/2256
盧光睦 5/260/3090
盧　廣 3/152/2099
盧廣濟 3/126/1662
盧廣微 3/145/1991
盧國因 3/144/1974
盧國佐 3/147/2031
盧　罕 3/124/1641

盧　沆　1/51/634

盧弘宣　1/2/52
　　　　3/112/1511
　　　　5/229/2924

盧弘懌　1/54/689
　　　　3/114/1528

盧弘止（盧弘正）
　　　　1/53/680
　　　　2/55/735
　　　　2/57/777
　　　　2/64/901
　　　　3/124/1640
　　　　3/148/2047

盧弘宗　4/200/2637

盧　寰　1/54/694

盧　奂　1/51/616
　　　　2/73/1017
　　　　3/138/1817
　　　　5/257/3053

盧　涣　3/104/1414
　　　　3/147/2025
　　　　3/148/2042

盧　暉　3/98/1335
　　　　3/113/1519
　　　　3/114/1530

盧撝謙　4/218/2801

盧徽遠　3/137/1789

盧　佶　3/150/2075

盧　籍　2/91/1282

盧季恂　4/194/2558

盧　暕　2/65/913

盧簡辭　2/59/820
　　　　3/137/1801
　　　　3/146/2014
　　　　4/166/2338
　　　　4/189/2505

盧簡方　1/25/384
　　　　2/97/1317
　　　　2/97/1318
　　　　3/109/1473
　　　　3/109/1474
　　　　4/158/2208

盧簡求　1/5/163
　　　　1/13/278
　　　　2/90/1267
　　　　3/112/1512
　　　　3/130/1723
　　　　3/139/1860

盧見象　2/95/1306

盧見義　3/98/1335

盧見義?　2/55/719

盧　建　3/138/1834

盧諫卿　4/160/2241

盧金友　3/125/1648

盧　涇　3/141/1922

盧君胤　4/202/2645
　　　　5/237/2977

盧　鈞　1/3/91

1/48/554

2/55/735

2/86/1203

2/90/1266

3/138/1828

3/146/2013

4/189/2505

4/196/2604

4/205/2706

5/257/3064

盧　匡　5/275/3146

盧　朗　2/76/1044

3/137/1787

盧　慧(盧憖)

4/203/2660

盧　邁　3/125/1651

盧　某　1/5/138

1/48/557

1/49/570

1/50/595

1/53/683

2/69/983

2/74/1027

2/86/1206

2/87/1217

3/103/1403

3/127/1672

3/131/1732

3/147/2038

4/159/2221

4/167/2355

4/171/2393

4/198/2620

5/233/2956

5/237/2978

5/288/3172

5/附/3345

盧　某(唐某)

4/203/2664

盧　潘　1/18/335

3/129/1705

3/148/2048

4/175/2446

盧　鈺　3/129/1706

盧　浦　4/204/2673

盧齊卿　1/1/14

2/64/889

2/69/972

3/116/1546

盧　杞　2/58/793

4/159/2224

4/202/2648

盧　虔　1/54/699

4/158/2201

4/194/2560

盧虔瀼　3/149/2065

4/200/2638

盧　翹　3/123/1615

盧秦卿　1/27/408

盧全□　2/73/1017

盧全白　3/153/2121

盧全操　4/197/2611

盧全誠　3/108/1458

盧全義　1/54/694

盧　群　2/57/770

盧日新　4/204/2682

盧　�3/124/1642

盧　商　1/2/53

　　　　3/137/1801

　　　　3/139/1858

　　　　4/164/2305

　　　　5/229/2924

盧　商?　4/195/2590

盧　賞　4/172/2403

盧少儒　3/101/1373

盧　紹　2/72/1008

盧審矩　5/238/2990

盧慎思　3/126/1660

盧昇明　3/151/2080

　　　　4/163/2278

盧　盛　3/106/1433

盧師丘　1/52/642

盧士珵　5/223/2864

　　　　5/236/2968

盧士弘　3/105/1429

盧士良　1/33/434

盧士玫　1/2/45

　　　　2/58/798

　　　　3/114/1533

盧士牟　3/126/1664

盧士叡　3/114/1525

盧士瑛　4/165/2316

盧世矩　5/229/2913

盧守直　4/207/2719

盧　肅　2/95/1306

盧　坦　4/156/2151

　　　　5/229/2921

盧庭昌（盧廷昌）

　　　　3/148/2051

盧　珽　3/138/1823

盧同宰　3/113/1520

　　　　3/143/1949

　　　　3/147/2024

盧　萬　2/83/1167

盧萬石　3/123/1609

盧望回　3/127/1679

盧微明　4/209/2734

盧　蔚　5/附/3310

盧文儹　2/60/827

盧　渥　1/51/634

　　　　4/205/2709

盧　銛　1/10/243

盧　攜　1/53/682

盧行簡　4/197/2613

盧　項　2/87/1223

　　　　3/104/1417

盧玄明 4/196/2606

盧玄卿 3/104/1416

5/附/3323

盧 絢 1/3/74

盧 潯 3/141/1920

盧延昌 4/161/2256

5/258/3081

盧 沆 3/127/1675

4/193/2549

盧彥威 3/109/1475

3/110/1486

盧 輅 4/196/2605

盧 嶷 4/193/2555

盧 逸 4/195/2575

盧 翊 4/164/2295

盧 廙 4/204/2671

盧 懿 1/5/162

盧 郢 3/132/1743

盧幼臨(盧幼林)

4/165/2312

盧幼平 3/140/1878

3/141/1908

盧幼卿 2/63/878

盧幼孫 3/138/1811

盧元輔 1/3/88

2/80/1125

3/104/1418

3/138/1826

3/141/1914

盧元敏 4/160/2234

盧元卿 4/164/2299

盧元勛 2/83/1164

盧元哲 4/203/2656

盧元莊 3/136/1776

5/231/2942

5/236/2970

盧 瑗 2/63/879

3/148/2045

4/160/2238

盧 約 3/149/2066

盧 嶽 5/275/3136

5/300/3206

盧 嶽(盧岳)

1/51/622

盧 雲 3/143/1953

盧 郎 3/125/1649

盧 澐 3/145/1992

盧允奇 5/附/3327

盧 載 1/4/130

盧 昭 4/198/2616

盧 肇 3/148/2049

4/162/2270

4/169/2377

4/201/2643

5/附/3354

盧 貞 1/50/595

1/51/630

1/54/703

　　　　3/151/2090
　　　　5/257/3065
盧貞松（豆盧貞松）
　　　　4/203/2656
盧　徵　1/3/81
　　　　1/4/122
　　　　5/附/3341
盧正道　4/164/2294
盧正己　1/48/537
　　　　1/49/579
盧正己（盧元裕）
　　　　1/3/75
　　　　4/210/2745
　　　　5/222/2845
　　　　5/225/2879
　　　　5/226/2888
盧知猷　4/159/2229
　　　　4/204/2681
盧知遠　5/233/2954
盧知宗　2/83/1165
盧重明　2/63/876
盧周仁（盧行術）
　　　　1/51/628
　　　　3/139/1857
　　　　4/166/2337
盧　專　4/200/2635
　　　　4/218/2799
盧　僎　1/54/692
盧子俊　2/87/1226

盧子真　3/126/1661
　　　　4/163/2277
盧祖尚　3/114/1526
　　　　3/123/1599
　　　　3/130/1709
　　　　3/132/1737
　　　　5/310/3228
　　　　5/附/3333

【魯】

魯　琭　2/83/1165
魯　炅　1/1/23
　　　　1/53/673
　　　　4/189/2494
　　　　4/190/2517
　　　　4/190/2518
　　　　4/204/2671
魯景仁　4/169/2378
魯　㤢　3/152/2101
魯　寔　3/150/2073

【陸】

陸寶積　3/107/1448
陸伯玉　1/5/146
　　　　2/81/1139
陸　傪　3/148/2044
陸藏器　3/152/2101
陸長源　1/54/698
　　　　2/55/730

		3/140/1881	陸敬義	4/215/2775
		3/152/2102	陸　康	2/87/1222
		5/附/3340	陸立素	5/222/2827
陸　徹		4/193/2554	陸魯公	5/275/3149
陸大鯤		1/12/258	陸　某	3/123/1609
陸大同		5/230/2934		5/275/3135
陸　耽		1/13/278	陸　澝	3/144/1973
		1/19/344	陸　溥	1/27/402
陸　道		2/94/1301	陸　翹	3/145/2000
陸　亙		2/58/798	陸欽嗣	2/66/944
		2/61/856	陸欽義	4/202/2653
		2/69/978	陸仁儉（陸乾迪）	
		3/139/1857		1/10/235
		3/142/1940		1/35/442
		4/156/2156		2/95/1305
		4/190/2522		5/242/3005
陸　肱		3/140/1893		5/246/3016
		4/161/2255	陸仁玘	5/273/3123
陸　廣		2/70/992	陸善宗	1/52/637
陸　海		3/140/1896		3/110/1477
陸　海？		5/260/3087		3/132/1737
陸弘休		5/275/3145	陸　紹	2/62/867
陸　洎		3/138/1834		3/133/1752
陸　濟		3/105/1427	陸　紹（陸繪）	
陸景融		1/48/534		5/附/3345
		1/49/575	陸　庶	3/146/2010
		1/53/671	陸　庶（陸淮、陸初）	
		2/55/722		3/151/2086
		4/189/2491	陸思本	5/290/3176

陸希聲　3/148/2051

陸　峴　3/119/1575

陸　向　3/155/2130

　　　　4/211/2752

陸象先　1/4/113

　　　　2/79/1085

　　　　2/83/1163

　　　　3/123/1612

　　　　3/137/1788

　　　　4/195/2576

　　　　5/222/2836

陸　偓　3/153/2114

陸彥恭　2/68/962

　　　　3/141/1903

陸　宸　4/198/2621

陸　易　2/64/895

　　　　3/152/2101

　　　　4/169/2372

陸　墉　1/51/633

　　　　3/147/2035

陸　泳　1/27/403

陸餘慶　1/49/570

　　　　1/51/614

　　　　2/70/991

　　　　2/84/1174

陸元方　1/17/315

陸元士　2/75/1035

陸越賓　1/51/611

陸　璪　2/84/1176

陸　則　3/141/1913

陸　質　5/附/3343

陸　質（陸淳）

　　　　3/144/1974

陸　孜　3/139/1837

【鹿】

鹿大師　1/11/244

鹿晏弘　2/59/823

　　　　4/205/2709

【路】

路德準　3/100/1356

路　恖　4/165/2315

　　　　4/221/2817

路　寰　3/124/1636

　　　　4/157/2179

路勵節　1/3/70

路勵言　2/68/959

路　某　3/129/1704

　　　　5/232/2947

路齊暉　2/56/750

　　　　2/64/892

路全交　5/318/3255

路審中　2/94/1302

　　　　3/141/1920

　　　　4/164/2307

路　恕　1/7/204

　　　　1/52/652

4/162/2266

4/170/2385

5/290/3178

路嗣恭　1/18/327

1/48/540

4/157/2176

5/257/3057

路　隨　3/137/1800

路晚金　4/217/2790

路惟明　5/238/2987

路惟恕　3/147/2021

路文昇　3/120/1577

5/314/3248

路文昇（路詮）

1/27/396

路　嚴　5/264/3101

路　巖　4/195/2593

5/222/2857

路　異　2/69/981

3/141/1915

路　應　3/129/1702

3/138/1824

3/150/2071

4/156/2151

4/161/2249

路元叡（路元濬、路元睿）

5/257/3044

【閭】

閭丘某　5/225/2877

閭丘曉　2/63/877

閭丘胤　3/144/1963

5/附/3339

【呂】

呂崇賁　1/12/258

1/39/467

2/79/1089

5/257/3057

呂崇茂　1/16/299

呂　杲　2/80/1120

呂　炅（呂穎？）

3/155/2134

呂季卿　5/259/3083

呂季重　3/148/2043

呂　珉　3/100/1353

呂鳴岳　2/79/1094

呂　某　2/60/835

呂　牧　2/87/1222

呂　讓　2/72/1007

呂仁誨　2/59/810

5/233/2953

呂仁宗　4/192/2545

呂日將　4/206/2714

呂紹宗　1/39/456

呂師造　5/附/3356

呂　述　3/147/2033

4/204/2678

呂　頌　4/175/2440

吕　渭　3/128/1688
　　　　4/166/2332
吕　温　4/167/2355
　　　　4/170/2385
　　　　4/196/2603
吕希倩　1/16/305
吕休璟　1/18/322
　　　　1/46/506
　　　　1/47/515
吕休琳　1/22/356
吕休琳(吕休林)
　　　　1/46/509
吕延之　3/142/1933
　　　　3/143/1950
吕　曄(吕燁)
　　　　4/196/2605
吕　諲　4/195/2581
吕用之　3/126/1668
　　　　5/257/3069
吕元璨　3/99/1351
吕元悟(吕元晤)
　　　　1/7/199
　　　　2/66/926
吕元悟(吕元晤)?
　　　　1/5/147
吕元膺　1/4/124
　　　　1/48/545
　　　　2/79/1098
　　　　3/131/1732

　　　　4/164/2301
吕　整　2/79/1108
吕知誨　3/121/1590
吕子臧　4/190/2511
吕自牧　4/174/2430

【欒】

欒　濛　3/111/1493

【論】

論博言　3/118/1572
論布支　1/38/451
論　僗　1/11/249
論誠節?　1/32/432
論鍔連　1/23/364
論惟良?　1/7/202
論惟明　1/7/203
　　　　1/12/259
論惟清　1/21/350
　　　　2/83/1163
論惟貞　2/62/864
　　　　2/64/894
論　倚　2/93/1296
　　　　2/93/1296

【羅】

羅弘信　3/98/1344
羅立言　1/2/50
　　　　3/129/1704

羅 某 5/238/2991

羅 虬 3/144/1982

羅 讓 3/151/2089

　　　 4/157/2184

羅紹權 3/143/1957

羅紹權(羅昭權)

　　　 3/144/1979

羅紹威(羅威)

　　　 3/98/1344

羅士信 2/80/1110

羅 壽(李壽)

　　　 4/208/2722

羅 順 4/207/2718

羅思崇 3/138/1816

　　　 3/147/2024

　　　 5/258/3075

羅希奭 1/8/220

　　　 5/275/3133

羅 珦 1/1/37

　　　 3/129/1702

　　　 3/130/1718

羅 藝(李藝)

　　　 3/116/1538

羅元杲 5/附/3292

羅 峴 4/162/2272

【駱】

駱弘義 1/47/513

駱 峻(駱元休、駱玄休)

5/278/3156

駱 團 3/144/1984

駱巽與 5/271/3119

駱延訓 3/144/1984

駱 怡 1/23/363

【麻】

麻慈力 4/163/2276

【馬】

馬承光 2/79/1089

馬崇仙 2/85/1189

馬 綽 3/147/2038

馬 琮 2/93/1295

馬大均 1/40/471

馬道貞 3/105/1426

馬 佋 4/162/2265

馬干龍(馬於龍)

　　　 3/120/1580

馬 搆 3/140/1873

馬 構 4/163/2277

馬光淑 2/56/749

馬懷素 2/58/787

馬 回 1/5/147

馬季龍 2/94/1301

馬 冀 3/99/1351

馬 建 3/140/1872

　　　 4/163/2276

　　　 5/237/2978

馬敬儒　5/240/2998

馬　舉　1/27/406

　　　　3/123/1626

馬匡武　3/114/1525

馬　璘　1/6/175

　　　　1/13/269

*馬　璘　1/53/674

馬　某　2/70/988

　　　　2/80/1120

　　　　4/189/2490

　　　　4/214/2770

　　　　5/263/3098

馬平陽　4/200/2635

　　　　5/290/3178

馬　遷　5/附/3276

馬　瓊　1/12/258

馬　冉　4/201/2644

馬神威　1/34/437

　　　　1/37/448

　　　　5/244/3008

　　　　5/247/3022

馬師素　3/103/1404

　　　　5/附/3317

馬　實　3/115/1536

　　　　3/119/1575

馬士會　4/186/2475

馬　紓　1/11/250

　　　　2/92/1291

　　　　2/92/1292

馬　曙　4/172/2404

馬　爽　3/104/1420

馬思悙　1/14/284

馬　燧　1/15/294

　　　　1/52/650

　　　　1/53/673

　　　　2/81/1144

　　　　2/90/1257

　　　　3/98/1339

　　　　4/204/2674

馬萬通　2/70/992

　　　　2/71/999

馬吴阤　4/195/2569

馬　錫　2/58/795

馬　襲　3/144/1968

馬行慰　3/107/1448

馬行琰（馬行炎）

　　　　3/117/1567

馬　雄　4/216/2782

馬　旴　2/91/1280

　　　　2/92/1290

　　　　2/97/1316

馬　炫　2/66/929

　　　　3/137/1796

　　　　4/216/2783

馬　勛　4/206/2715

馬　恂　1/9/229

馬　珣　3/128/1692

馬　義　5/222/2860

馬　懿　4/196/2600

馬　殷　4/166/2346

馬　穎　3/121/1588

馬　遇　3/117/1565

　　　　3/118/1569

馬元慶　1/39/464

　　　　4/156/2144

馬元直　3/125/1648

馬　載　1/1/10

馬　擇　3/114/1531

馬真肅　5/308/3224

馬正會　1/7/199

　　　　1/31/426

　　　　3/135/1766

　　　　5/226/2887

　　　　5/236/2970

　　　　5/246/3017

　　　　5/247/3023

馬正卿　5/附/3323

馬　植　2/55/737

　　　　2/59/821

　　　　2/66/936

　　　　3/138/1828

　　　　4/159/2227

　　　　4/175/2444

　　　　5/310/3238

馬　摠(馬總)

　　　　1/3/85

　　　　2/59/816

　　　　2/61/854

　　　　2/66/932

　　　　2/66/932

　　　　3/153/2117

　　　　4/161/2251

　　　　5/257/3061

　　　　5/275/3139

　　　　5/310/3235

【滿】

滿　存　2/58/802

　　　　4/206/2717

【毛】

毛朝敭　2/83/1164

毛　湘　4/200/2638

　　　　5/237/2982

【孟】

孟　彪　3/151/2093

孟常謙(孟嘗謙)

　　　　3/135/1770

孟從益(孫從益)

　　　　1/53/683

孟噉鬼　2/68/956

　　　　5/附/3311

孟方立　3/103/1403

*孟方立　2/86/1208

孟　琯　4/198/2619

孟　皞	1/1/30
	1/3/78
	1/13/270
	1/54/695
	3/151/2083
	4/167/2350
孟　簡	3/138/1825
	3/138/1826
	3/142/1939
	3/147/2031
	4/189/2501
孟　鑒	2/67/950
孟　廓	4/183/2471
孟　榮	5/278/3156
孟　遷	2/84/1184
	2/86/1212
	3/103/1403
	3/104/1420
	5/附/3295
孟　球	2/64/903
	2/81/1148
孟　詵	1/4/109
孟　詵（孟説）	
	2/80/1114
孟神慶	2/85/1186
孟思恭	5/223/2867
	5/235/2967
孟温禮	1/1/16
	1/4/114

	1/49/574
	1/53/668
孟　翔	4/216/2783
孟孝敏	1/12/254
孟休鑒	2/69/977
孟宣文	1/13/262
	2/60/827
	3/140/1868
孟玄一	1/29/414
孟　瑶	4/161/2248
孟　嶷	4/171/2390
孟友亮	1/6/182
孟元陽	1/52/654
	2/60/837
	2/86/1201
孟　政	2/68/957
孟　柱	5/附/3319

【彌】

彌姐長通	1/10/243

【米】

米　逢（米誠）	
	1/4/134
米海萬	2/96/1313
米　暨	1/16/309
	1/18/333
	1/25/381
米　蘭	5/287/3168

米　蘭（水蘭）
　　　　5/312/3246

【苗】

苗藏位　3/144/1977

苗殆庶　2/62/863

苗　耽（苗眈）
　　　　4/158/2213

苗奉倩　3/149/2056
　　　　4/156/2145

苗　稷　3/149/2062

苗晉卿　1/48/535
　　　　1/51/618
　　　　2/79/1088
　　　　3/98/1335
　　　　4/203/2658

苗晉卿（苗元輔）
　　　　1/5/149

苗　恪　4/205/2707

苗　紳　4/158/2209

苗延嗣　3/101/1376
　　　　5/275/3132

苗　憎　4/158/2206

苗　拯　4/201/2642

【閔】

閔　勖（閔頊）
　　　　4/166/2344

閔　助　4/157/2190

【明】

明　珪　1/52/645

明　恪　2/61/843

【莫】

莫懷毅　5/292/3190

莫休符　5/269/3114
　　　　5/289/3174

【墨】

墨貽知退　3/144/1965

【牟】

牟崇厚　4/220/2812

【幕】

幕容正言　3/101/1371

【睦】

睦綏榮　5/248/3025

【慕】

慕容損　4/220/2809

慕容孝幹　3/113/1516

慕容珣　1/4/113
　　　　2/72/1004
　　　　3/104/1412

慕容知晦　2/84/1172

【穆】

穆固信　1/30/420

穆　寧　3/126/1663

　　　　4/164/2297

穆栖梧　2/65/920

　　　　4/160/2242

穆仁裕　2/55/740

　　　　5/附/3292

穆　贊　3/138/1824

　　　　3/153/2116

　　　　4/156/2151

　　　　4/161/2250

　　　　4/168/2365

穆　質　4/160/2239

　　　　4/211/2754

【南】

南承嗣　4/176/2452

　　　　4/221/2817

南　彦　3/126/1657

南　卓　2/61/858

　　　　3/145/1996

　　　　4/175/2445

　　　　4/204/2679

南　纘　5/223/2865

【能】

能昌仁　1/43/488

能元皓　2/69/976

　　　　2/73/1018

　　　　3/98/1337

　　　　3/102/1389

【倪】

倪　徽　5/263/3098

倪若水　2/55/716

　　　　2/82/1153

倪　章　3/128/1692

【寧】

寧道務　5/264/3101

　　　　5/266/3106

　　　　5/282/3161

寧師宗（寧師京）

　　　　5/304/3219

寧　悆　1/40/472

【甯】

甯長真　5/304/3219

甯　純　5/320/3257

　　　　5/321/3258

甯道明　5/320/3257

甯道務　5/314/3249

甯景璿　1/18/329

甯　據　5/304/3219

甯　宣　5/320/3257

【牛】

牛從義 2/72/1009

牛　叢（牛蘂）

　　　　3/147/2035

　　　　5/222/2858

牛　叢（牛勗）

　　　　4/205/2708

牛存節 2/63/884

　　　　3/103/1405

　　　　5/附/3309

牛方裕 2/77/1060

牛名俊 1/9/231

牛　容 2/68/962

牛僧孺 1/48/550

　　　　1/48/551

　　　　3/123/1623

　　　　3/154/2127

　　　　4/164/2302

　　　　4/189/2504

牛　蕭 4/165/2312

牛　蔚 4/203/2663

　　　　4/205/2708

牛仙客 1/39/462

＊牛仙客 2/89/1250

牛休克 4/213/2763

牛　循 4/203/2663

牛元翼 3/106/1440

　　　　3/108/1460

　　　　4/189/2502

牛元璋 4/207/2719

牛知業 4/197/2614

【歐】

歐陽琮 4/162/2271

歐陽世普 5/289/3174

歐陽琟 1/40/472

　　　　4/204/2672

歐陽胤 3/132/1738

　　　　4/176/2450

　　　　5/228/2906

【潘】

潘寶勛 1/21/350

潘　稠 2/63/883

潘道毅 3/98/1323

潘逢時 3/148/2044

潘佛壽 1/22/353

潘高陽 2/81/1146

潘好禮 2/57/764

　　　　2/61/848

潘孟陽 1/3/82

　　　　5/229/2921

潘　名 3/148/2050

潘明威 5/299/3200

潘　某 2/71/996

　　　　4/190/2521

潘求仁 3/141/1898

潘　章　4/198/2620

【龐】

龐　謽　2/80/1122
　　　3/140/1882
龐承鼎　4/166/2327
龐　充　2/58/792
龐　復　5/233/2955
　　　5/310/3234
龐　堅　2/59/812
龐景劼　2/58/790
龐巨昭　5/300/3214
龐　濬　3/148/2042
龐　琳　1/15/289
龐師古　2/64/906
　　　2/64/906
　　　2/66/942
龐　説　4/202/2650
　　　4/215/2776
龐同本　1/49/566
龐同福　1/26/387
　　　4/159/2216
龐相壽　2/67/945
龐孝恭　5/302/3217
龐孝泰　5/302/3217
龐　勛　2/64/904
龐　嚴　1/2/48
　　　3/146/2012
　　　5/附/3344

龐　玉　3/142/1923
　　　4/205/2685
龐貞素　3/113/1519
　　　3/142/1928

【裴】

裴　乂　1/53/677
　　　3/151/2087
裴　鄙　3/152/2103
裴伯義　5/224/2870
裴參玄　1/13/267
　　　4/190/2516
裴藏之　4/170/2382
裴　昌　2/58/790
　　　2/87/1220
裴常棣　3/141/1913
裴　昶　5/243/3007
裴　澈　4/164/2307
裴　戚　4/160/2241
裴　澄　3/139/1852
裴趙玄　3/133/1749
　　　4/161/2247
裴　充　3/140/1888
裴　儔　3/125/1654
　　　3/126/1667
　　　4/157/2186
裴次元　1/2/43
　　　1/50/588
　　　3/151/2086

　　　　4/157/2182

裴大感　2/95/1305

裴大覺　3/132/1738

裴德超　1/11/245

　　　　1/27/397

裴德符　2/80/1129

　　　　3/140/1892

裴　迪　1/54/707

裴　鼎　3/101/1376

　　　　3/142/1931

裴　定　3/143/1956

裴　度　1/48/546

　　　　1/48/550

　　　　2/61/854

　　　　2/90/1260

　　　　2/90/1263

　　　　3/123/1621

　　　　4/189/2503

　　　　4/205/2701

裴敦復　1/27/402

　　　　1/49/575

　　　　2/55/720

　　　　2/74/1028

　　　　4/156/2144

　　　　5/257/3052

裴　翻　3/145/1998

裴　泛　4/205/2694

裴　玢　1/7/204

　　　　4/205/2698

裴　酆　4/158/2212

裴　諷（裴行諷）

　　　　4/158/2208

裴　綱（裴剛）

　　　　2/61/848

裴　恭（裴泰）

　　　　4/162/2269

　　　　5/290/3181

裴　觀　1/1/19

　　　　3/109/1465

　　　　4/189/2488

　　　　4/205/2692

　　　　5/222/2840

裴　光　3/140/1870

裴光復　4/161/2256

裴光庭　3/144/1969

裴　袞　1/3/91

裴弘泰　1/5/160

　　　　1/6/184

　　　　2/57/776

　　　　2/63/880

　　　　3/102/1390

　　　　3/141/1916

　　　　4/159/2227

　　　　4/175/2443

　　　　5/275/3141

裴弘獻　2/62/862

裴懷感　4/174/2419

裴懷古　2/89/1244

2/89/1244
3/100/1360
3/116/1545
4/166/2324
5/245/3011
5/275/3129

裴懷晃（裴懷暤）
4/202/2646

裴懷節　1/49/560
3/123/1601
4/195/2566

裴　攄　1/11/246
2/65/911

裴　會　2/93/1295

裴　基　3/114/1528

裴　勛　3/103/1392

裴　及　2/68/965
5/290/3182

裴　佶　1/4/123
4/175/2441

裴　垍　3/145/1994

裴　稷　4/161/2254

裴　儉　5/228/2908

裴　匠　2/82/1156

裴　璀　3/144/1966

裴　晉　5/229/2915

裴　墐　4/203/2661

裴　涇　2/62/865
3/153/2116

裴景昇　2/76/1059

裴景叔　2/76/1059

裴　儆　3/143/1951

裴　靖　3/128/1689
3/129/1703

裴鏡民　5/222/2827

裴　迥　1/48/535
1/49/577

裴瞿曇　3/128/1683

裴　珏　3/141/1920

裴　覺　3/141/1921

裴　均　1/3/97
4/189/2499
4/195/2585

裴　開　3/150/2073

裴　堪　1/4/125
3/126/1665
4/157/2181

裴克諒　2/72/1006
3/152/2105

裴　恪　2/63/875

裴　寬　1/4/116
1/49/573
1/49/575
2/55/720
2/56/750
2/72/1005
2/79/1086
2/89/1251

裴　禮　3/116/1551
　　　　4/189/2491
裴　禮　5/258/3078
裴　璉　3/144/1982
裴　浰　4/167/2357
　　　　4/215/2776
裴　潾　1/3/90
　　　　1/50/594
　　　　1/54/702
裴令温　1/51/616
　　　　2/61/850
　　　　4/197/2610
裴　龍　4/161/2257
裴魯顧　5/附/3306
裴履昭　1/40/471
裴律師　2/55/712
　　　　5/附/3287
裴　冕　1/48/539
　　　　4/174/2422
　　　　4/176/2451
　　　　5/222/2845
裴　旻　3/120/1579
　　　　3/122/1595
裴　閔　2/62/867
　　　　3/145/1998
裴　謨　3/144/1980
裴　某　1/25/374
　　　　2/66/929
　　　　2/69/982

裴　某　2/72/1008
　　　　2/80/1123
　　　　3/98/1326
　　　　3/106/1431
　　　　3/113/1520
　　　　3/143/1957
　　　　4/165/2313
　　　　4/176/2452
　　　　4/201/2643
裴　某?　3/149/2058
　　　　5/附/3336
裴　怦　1/7/200
裴　恰　3/125/1656
裴　洽　2/74/1030
裴千鈞　1/9/231
裴虔通　3/125/1646
　　　　4/178/2456
裴虔餘　1/3/97
　　　　4/156/2162
裴乾貞(裴乾玄?)
　　　　1/3/93
裴　潛　3/152/2100
裴　倩　3/113/1520
　　　　4/159/2221
　　　　5/附/3339
裴　清　1/41/478
　　　　3/140/1879
裴　虬　4/170/2384
裴　璩　1/4/132

　　　　　　3/137/1805
　　　　　　4/156/2160
　　　　　　4/157/2191
　　　　　　5/257/3069
裴　惓　3/141/1901
　　　　　　4/190/2514
裴　茷　4/189/2496
裴　銳　2/80/1126
裴善昌　1/33/434
裴　紳　3/133/1752
裴神舉　3/126/1659
裴　諗　4/156/2158
裴　晟　3/126/1670
裴　識　1/5/162
　　　　　　1/6/187
　　　　　　1/13/277
　　　　　　1/18/335
　　　　　　2/59/821
　　　　　　2/66/938
　　　　　　3/130/1722
　　　　　　4/166/2339
裴士淹　1/1/21
　　　　　　3/150/2070
　　　　　　4/159/2222
裴守一?　1/33/435
裴守真　1/6/170
　　　　　　1/28/410
裴守真（裴守忠）
　　　　　　1/11/246

裴叔猷　4/196/2603
裴　淑　4/171/2400
裴　樞　1/2/62
　　　　　　2/78/1071
　　　　　　3/148/2051
　　　　　　5/257/3072
裴　爽　3/145/1987
裴思敬（裴思明）
　　　　　　4/215/2775
裴思訓　3/124/1631
　　　　　　4/214/2767
裴思義　2/79/1082
裴思質　2/84/1169
裴思莊　2/63/871
裴　肅　3/138/1823
　　　　　　3/142/1937
裴　邃　5/323/3261
裴　泰　5/310/3234
裴　談　1/48/528
　　　　　　1/52/643
　　　　　　2/57/763
　　　　　　2/79/1083
　　　　　　2/84/1174
裴　坦　1/3/96
　　　　　　3/124/1641
　　　　　　4/157/2188
　　　　　　4/189/2508
裴　腆　5/275/3137
裴　朓　2/81/1140

裴挺之 4/157/2170

裴　通 1/4/124

　　　 1/54/702

　　　 3/130/1726

裴　同 4/206/2712

裴　琬 2/78/1068

裴萬頃 3/101/1370

　　　 3/107/1445

裴惟岳 5/314/3249

裴　煒 1/13/267

裴　煒（裴偉）

　　　 3/151/2092

　　　 3/153/2121

裴溫伯 2/87/1228

裴　汶 3/138/1825

　　　 3/140/1884

　　　 4/174/2425

裴　渥 3/131/1735

裴無晦（裴無悔）

　　　 4/163/2276

裴　武 1/2/42

　　　 1/3/84

　　　 1/4/127

　　　 1/7/205

　　　 4/195/2587

裴　悟 3/151/2081

裴希先 3/150/2071

　　　 5/237/2980

裴希莊 2/60/829

裴　晞 3/108/1456

裴　峴 5/250/3031

裴　向 1/4/121

　　　 1/4/125

　　　 1/51/626

　　　 1/53/676

　　　 2/58/796

　　　 2/81/1146

　　　 2/84/1180

裴孝智（裴孝初）

　　　 3/152/2103

裴　澥 1/4/123

裴行方 3/116/1541

裴行儉 1/39/457

　　　 1/46/503

裴行立 2/85/1190

　　　 3/131/1734

　　　 4/181/2467

　　　 5/275/3139

　　　 5/310/3236

　　　 5/310/3236

裴　休 1/5/163

　　　 2/55/736

　　　 2/86/1205

　　　 2/90/1267

　　　 3/148/2047

　　　 4/156/2157

　　　 4/157/2184

　　　 4/166/2339

　　　　　4/195/2592
　　　　　5/227/2902
裴休貞　3/112/1499
裴　誚　1/49/584
　　　　　2/63/878
　　　　　3/129/1701
　　　　　3/130/1715
　　　　　4/159/2221
　　　　　4/161/2247
裴　旭　3/126/1662
裴　序　2/75/1038
裴玄本　4/205/2689
裴玄珪　3/122/1593
裴　恂（裴珣）
　　　　　1/52/648
裴　愻　4/161/2253
　　　　　4/162/2268
裴延魯　3/142/1946
裴延慶　4/204/2671
裴延昕　3/145/1988
裴延休　2/82/1155
裴　鄲　3/146/2009
裴　偃　4/170/2387
　　　　　4/173/2413
裴繇之　5/241/3002
裴耀卿　1/1/19
　　　　　2/75/1038
　　　　　3/107/1450
　　　　　4/156/2143

裴　液　4/170/2386
裴依訓　2/80/1122
裴　禪　4/214/2772
裴夷直　1/3/94
　　　　　3/139/1861
　　　　　3/141/1917
　　　　　4/158/2208
裴　佾　4/206/2715
裴　誼　2/81/1147
　　　　　4/156/2155
　　　　　4/157/2183
裴　寅　1/51/632
　　　　　4/157/2187
裴　胤　4/164/2309
裴　嬰　4/216/2784
裴　埔　3/130/1721
裴友悌　4/168/2363
裴有敵　3/141/1922
裴　瑀　4/181/2466
裴　喻　4/173/2417
裴元明　3/147/2024
裴元裕　5/310/3239
裴元質　5/222/2835
裴　閱　3/150/2073
　　　　　4/202/2652
裴　鄅　2/87/1228
　　　　　4/221/2817
裴　瓚　1/50/602
　　　　　4/166/2343

裴　貞　2/63/872
　　　　3/106/1432
裴之慶　1/17/315
裴之隱　3/104/1407
　　　　5/222/2827
　　　　5/228/2905
裴知禮　1/4/108
裴實辭　4/212/2759
裴仲將　2/85/1188
　　　　3/102/1386
裴重皎　2/78/1068
裴伷先　1/1/18
　　　　1/27/400
　　　　1/48/533
　　　　2/79/1087
　　　　2/80/1118
　　　　2/89/1251
　　　　3/112/1503
　　　　3/116/1548
　　　　5/257/3049
　　　　5/257/3049
　　　　5/257/3050
　　　　5/275/3130
裴　冑　4/156/2149
　　　　4/157/2179
　　　　4/166/2331
　　　　4/195/2585
裴　拙　4/209/2739
裴　卓　1/5/148

裴孜察　5/223/2861
裴子儀　3/114/1534
裴子餘　3/107/1450
裴宗夏　3/153/2122
裴　纂　5/323/3261
裴遵慶　4/213/2763
　　　　5/224/2871

【彭】

彭　崇　3/152/2108
彭　玕　4/162/2272
彭　杲　5/257/3053
彭光耀　1/31/430
彭　果（彭杲）
　　　　5/257/3052
彭　瑊　4/162/2272
彭令芳　1/25/377
彭令璋　4/159/2230
彭　某　2/97/1316
彭士愁　4/177/2455
彭彥章　4/163/2288
彭　膺　1/22/359
彭元曜　1/53/673
彭元昭　1/34/438

【皮】

皮　岸（李被岸）
　　　　5/318/3255

【匹】

匹婁武徹（婁武徹）
　　1/46/502
　　2/96/1310
　　2/97/1314
　　3/118/1569

【平】

平嗣先　5/225/2878
平嗣先（平嗣光）
　　3/107/1449
平原公　1/43/486
　　3/138/1812
　　3/147/2018
　　5/247/3022
　　5/257/3043
平貞眘　1/48/528
　　3/138/1815
　　4/221/2815

【破】

破六韓蕃　2/56/743

【僕】

僕固懷恩　1/18/326
　　1/25/376
　　1/26/391
　　2/80/1121

【濮】

濮陽公　4/165/2318

【普】

普　贊　5/310/3228

【祁】

祁審誨　2/86/1208

【綦】

綦公順　5/附/3312

【齊】

齊　翺　5/附/3340
齊　澣　2/55/717
　　2/55/719
　　2/81/1141
　　3/127/1673
　　3/137/1790
　　3/138/1816
齊　晈（齊皎、齊汶）
　　2/87/1222
齊景胄　2/81/1138
　　5/222/2837
齊　映　4/159/2226
齊　抗　1/49/584
　　3/139/1850
　　3/149/2060

4/166/2332

齊克讓 2/69/984

2/69/985

2/69/985

3/112/1514

齊 某 2/72/1005

齊 玚（齊翔）

3/149/2059

4/163/2281

齊 虔 3/132/1738

齊善行 1/30/417

3/142/1925

4/200/2631

5/257/3042

齊善行（齊若行）

3/107/1444

齊士員 3/112/1497

齊 推 4/159/2226

齊武□ 2/92/1289

齊 顗 3/147/2038

齊 映 4/157/2179

4/167/2353

4/200/2634

5/275/3137

齊 照（齊曔）

5/附/3351

齊 總 4/163/2282

齊 總（齊撼）

3/146/2010

【契】

契苾通 1/9/231

1/24/371

1/25/382

2/88/1232

2/92/1291

契苾漪 1/24/370

契苾璋 1/25/385

【騫】

騫 基 1/8/215

1/10/235

4/173/2408

4/208/2724

4/217/2788

騫味道 2/76/1043

騫行本 1/18/337

【錢】

錢 鏢 3/145/2000

錢 徽 1/3/87

1/3/88

2/58/797

3/140/1885

4/158/2204

錢 節 3/142/1927

錢九隴 5/226/2885

錢 鏐 3/141/1921

3/142/1948

*錢　鏐　3/137/1808

錢　某　1/54/705

　　　　5/230/2936

錢　銶　3/139/1865

錢惟正　3/139/1840

錢元脩　2/87/1216

【强】

强寶質　4/171/2389

强　循　1/6/171

　　　　1/16/304

　　　　1/18/322

【喬】

喬　弁　4/214/2771

喬　軌　1/16/301

喬　侃　2/69/973

　　　　4/192/2538

喬　寬　3/116/1538

　　　　3/121/1583

喬　琳　1/52/652

　　　　4/217/2791

　　　　5/227/2899

　　　　5/230/2935

喬　謙(喬鈐)

　　　　1/3/97

喬師望　1/3/69

　　　　1/4/106

1/16/301

1/39/456

1/45/498

1/46/502

3/137/1784

5/222/2829

喬　庶　3/144/1979

喬　信　2/76/1059

【橋】

橋　某　1/54/688

【秦】

秦昌舜　3/106/1435

　　　　3/142/1932

　　　　3/143/1949

　　　　4/170/2382

　　　　4/210/2745

秦　軻　5/309/3226

秦匡謨　3/127/1680

秦匡謀　4/175/2446

秦　裴　4/157/2191

　　　　4/164/2308

　　　　5/附/3337

秦守一　1/4/112

　　　　3/124/1632

秦　述　5/248/3026

秦無害　5/275/3129

秦武通　2/96/1309

秦孝言 1/42/480

秦行其 1/29/413

秦 彦 3/123/1627

　　　3/126/1668

　　　4/156/2163

秦元覽 5/287/3167

秦 琢 4/163/2274

秦宗權 2/61/858

【丘】

丘承業 1/30/419

丘從心 4/169/2372

丘 和 5/310/3227

　　　5/附/3274

丘弘禮 2/68/966

丘神福 3/147/2019

丘神勣 1/37/448

丘師利 3/107/1444

丘孝忠 2/77/1061

　　　5/257/3043

丘行恭 1/51/608

　　　3/107/1446

丘行恭(丘孝恭?)

　　　5/222/2829

丘玄素 4/200/2638

丘義餘 1/54/688

丘直方 1/7/207

【仇】

仇公遇 1/27/406

仇亢宗 2/68/965

仇克義 3/106/1433

　　　3/109/1466

仇良輔 5/235/2965

【曲】

曲 彬 1/52/645

曲承裕(曲裕)

　　　5/310/3244

曲 環 2/59/814

　　　2/60/836

曲 巽 2/91/1277

【屈】

屈突季將 3/100/1361

　　　　3/145/1989

　　　　4/208/2726

屈突詮 3/114/1527

　　　3/121/1586

　　　5/322/3260

屈突紹先 2/58/790

屈突壽 1/16/302

屈突通 1/49/559

屈突仲翔 3/114/1529

　　　　3/116/1544

屈無易 2/81/1143

屈隱之 5/258/3081

區世略 4/169/2370

【瞿】

瞿　章（夔璋）
　　　3/134/1761
瞿　積（瞿正）
　　　2/80/1129

【麴】

麴　稜（鞠稜）
　　　3/107/1444
麴智湛　1/45/499
　　　1/46/502

【泉】

泉彥宗　4/204/2667

【權】

權德輿　1/48/544
　　　4/205/2699
權懷恩　1/12/255
　　　1/49/565
　　　2/56/744
　　　2/77/1061
　　　3/101/1372
　　　3/103/1394
　　　5/222/2830
　　　5/238/2986
權良史　2/87/1220
權龍襄（權龍褒）

　　　3/109/1465
　　　3/114/1529
權　璩　1/53/680
　　　4/216/2785
權若訥　3/148/2041
　　　5/229/2915
　　　5/275/3132
權　審　5/附/3307
權士通（權中通）
　　　5/附/3279
權萬春　1/3/69
權萬紀　5/260/3086
　　　5/附/3276
權　威　3/98/1323
權文誕　3/138/1811
　　　4/195/2566
　　　4/221/2814
權文誕？　4/197/2607
權　毅　4/163/2275
權寅獻　2/65/914
權知節　2/63/871
　　　2/85/1187
　　　3/137/1784
　　　5/275/3128
權知讓　3/99/1347

【冉】

冉安昌　4/166/2322
　　　4/200/2629

冉仁才　1/13/263

　　　　4/158/2194

　　　　4/163/2274

　　　　4/171/2389

　　　　4/174/2419

　　　　4/201/2639

　　　　5/232/2946

冉仁德　2/84/1170

　　　　4/211/2750

冉　實　1/33/435

冉祖雍?　3/131/1729

　　　　4/159/2217

【染】

染師將　4/186/2475

【任】

任　超　4/220/2811

任從海　5/225/2883

任迪簡　1/22/358

　　　　1/54/699

　　　　3/112/1508

任　侗　3/143/1953

任　朏　5/227/2900

任分尊　2/91/1284

任奉國　1/35/443

任公廳　4/167/2347

任　璨　1/51/606

　　　　2/64/886

　　　　3/123/1600

　　　　4/210/2742

　　　　5/附/3286

任弘毅　3/151/2077

任懷玉　2/89/1238

　　　　4/183/2470

任　佶　4/159/2223

任　進　4/159/2220

任令方　1/35/444

任令輝(任照鄰)

　　　　5/222/2832

任履虛　3/101/1378

任　鵬　5/232/2947

任乾英　3/151/2079

任如愚　5/附/3345

任　畹　1/54/704

任雅相　1/26/386

任　要　2/69/978

任義方　3/149/2053

任　宇　3/148/2049

任　園　5/附/3317

任　瑗　3/143/1950

　　　　3/149/2057

任昭理　4/195/2574

任昭理(任正理)

　　　　2/55/717

任昭慶　3/139/1842

【戎】

戎　昱　4/161/2250

4/178/2459

戎　昱?　4/171/2395

【榮】

榮建緒　4/157/2168
　　　　5/228/2905
　　　　5/附/3305
榮元卿　3/103/1396

【茹】

茹　璋?　3/101/1377

【阮】

阮　結　3/137/1806

【若】

若干則　4/157/2167

【桑】

桑如珪　1/6/174

【山】

山行章　5/239/2994
山行章(山章)
　　　　5/226/2890

【上】

上官懷仁　3/128/1683
上官濟　4/218/2797

上官經野　3/110/1482
　　　　4/159/2219
上官浼　2/59/814
　　　　2/60/837
上官裕　3/135/1764

【尚】

尚　衡　2/64/893
　　　　2/64/893
　　　　2/66/928
　　　　2/76/1049
　　　　2/76/1050
尚汝貞　4/221/2818
尚獻忠　3/153/2113
　　　　4/169/2371

【邵】

邵　播　3/111/1494
邵　寵　3/116/1547
邵道預　4/161/2246
邵　宏　1/24/368
邵　儒　2/67/955
邵　昇　3/137/1789
　　　　3/144/1968
邵　說　4/199/2626
邵　同　3/101/1379
邵　雄　3/153/2122
邵　膺　4/220/2811

【折】

折嗣倫 5/附/3282

【厙】

厙狄履溫 4/189/2491

【申】

申 叢 2/61/859
申屠儒 2/86/1213

【沈】

沈 羲 4/172/2404
沈伯儀 2/59/806
　　　 2/63/873
　　　 3/145/1988
　　　 5/236/2969
沈 粲 3/139/1865
沈 粲（沈璨）
　　　 3/139/1864
沈長源 4/208/2728
沈成福 3/129/1696
　　　 5/235/2964
沈成福（沈福）
　　　 3/144/1966
沈成業 4/195/2572
　　　 5/223/2861
沈傳師 4/156/2155
　　　 4/157/2183
　　　 4/166/2336

沈從道 3/107/1455
沈東美 1/16/305
沈 緝 4/195/2568
沈 逢 4/216/2786
沈 牢 4/159/2230
沈仁果 5/300/3203
沈仁縚 3/144/1985
沈士衡 3/110/1478
沈叔安 4/166/2322
沈萬石 4/174/2421
沈 夏 3/145/2000
　　　 4/182/2469
沈 詢 2/86/1206
　　　 3/142/1943
沈 遜 5/288/3169
沈 巖 3/126/1659
沈 悅 3/99/1348
　　　 5/239/2992
　　　 5/附/3321

【盛】

盛 均 5/276/3151
盛 均？ 3/144/1983
盛彥師 2/56/742
　　　 3/109/1462

【師】

師弘禮 5/233/2956
　　　 5/271/3119

【石】

石　璟　2/96/1312
石君涉　4/205/2709
石善友　1/25/385
　　　　2/97/1319
石　膳　3/131/1736
石士儉　5/250/3031
石　雄　1/5/160
　　　　1/22/361
　　　　2/79/1102
　　　　2/95/1307
　　　　2/96/1313
　　　　4/212/2759
　　　　5/附/3282
　　　　5/附/3290
石　詢　1/14/282
石隱金　2/66/930

【時】

時常春　1/16/305
時德衡　4/211/2750
時德叡　2/78/1067
　　　　2/92/1286
時　溥　2/64/905
時元佐(時玄佐)
　　　　2/62/866

【史】

史　備　3/127/1678

3/132/1741
史　晡(史暕?)
　　　　2/56/745
史　藏　1/41/475
史朝義　3/107/1453
史承節　3/103/1396
史大奈　1/22/354
史懷操　1/14/287
史　翽　1/1/24
　　　　4/189/2495
史繼先　1/41/477
史　俊　4/214/2773
史令卿　3/141/1897
史　論　1/13/276
史　旻?　4/192/2542
史明涉　3/113/1523
史　某　5/224/2870
史　權　2/91/1277
史　審　4/162/2262
史思明　3/116/1552
　　　　3/116/1552
　　　　3/120/1579
史　嵩　2/89/1238
史　太　3/111/1494
史　泰　5/225/2879
史萬寶　1/7/193
史憲誠　2/79/1099
　　　　3/98/1341
史憲忠　1/13/276

　　　　　1/15/296

　　　　　1/18/333

　　　　　1/25/382

　　　　　3/102/1390

史孝章　1/6/183

　　　　　1/7/207

　　　　　2/57/775

史　叙　3/144/1971

史玄道　4/158/2195

史幼虔　1/14/283

史元忠　3/116/1558

史再新　5/附/3331

【士】

士　暕　1/44/495

【氏】

氏仁執　1/11/246

氏叔琮　1/7/213

　　　　　2/68/967

　　　　　2/81/1150

　　　　　5/附/3309

【殳】

殳伯梁　3/155/2129

【叔】

叔孫老　1/15/288

叔孫文懷　3/114/1528

【舒】

舒元輿　1/51/628

【束】

束　良　4/167/2348

　　　　　4/171/2391

　　　　　4/186/2474

束鄉勵　4/203/2664

　　　　　5/236/2974

【雙】

雙士洛　3/100/1353

　　　　　3/112/1497

　　　　　3/141/1897

雙子符　3/114/1525

　　　　　5/附/3311

【司】

司空荷　4/171/2399

司空襲禮　3/137/1793

　　　　　4/205/2694

司空興　4/204/2679

司馬保　3/152/2109

司馬垂　4/205/2693

司馬垂(司馬錘)

　　　　　3/98/1337

司馬待徵　4/160/2233

司馬鍠　1/1/13

2/64/889

司馬某　4/178/2458

司馬銓　2/82/1154

司馬銓(司馬詮)

　　　2/56/748

　　　5/附/3299

司馬曜　2/68/968

司馬鄴　1/4/135

司馬逸客　1/39/459

司徒亨　4/195/2572

【宋】

宋　儒　3/152/2108

宋楚璧　3/141/1905

宋大辨　5/237/2976

宋德壽　3/135/1762

宋　迪　3/110/1484

宋　鼎　2/86/1198

　　　2/86/1198

　　　3/136/1778

　　　4/189/2489

　　　4/195/2577

　　　5/257/3051

宋　泛　1/54/699

宋　昉　4/171/2389

宋公弼　2/92/1287

　　　4/219/2802

宋　袞　2/63/883

宋　浩　4/195/2595

宋　晦　2/58/793

宋　晦(宋誨)

　　　1/4/120

宋　渾　3/110/1482

宋　渾?　5/262/3092

宋　景　2/87/1224

宋　璟　1/1/14

　　　1/1/15

　　　1/48/529

　　　1/49/569

　　　2/69/972

　　　2/89/1244

　　　3/98/1330

　　　3/98/1330

　　　3/100/1361

　　　3/102/1385

　　　3/107/1449

　　　3/116/1546

　　　3/124/1632

　　　3/141/1901

　　　3/147/2022

　　　5/257/3048

宋君明　1/24/366

　　　5/246/3015

宋君平　4/221/2818

宋　某　1/10/239

宋乾微(宋虔微)

　　　5/239/2992

宋慶禮　3/102/1387

3/110/1481

3/121/1587

宋　戎　5/310/3241

宋若思　4/156/2146

宋　尚　4/192/2539

宋　紹　4/195/2567

宋神膺　3/144/1964

宋師將　1/30/418

宋守儉　1/50/604

宋守敬　2/80/1132

宋庭璘　3/108/1458

宋庭瑜　1/12/258

5/257/3051

宋　挺　5/224/2875

5/226/2890

宋　威　2/76/1057

宋溫瑾　1/53/670

宋溫璩　5/229/2915

宋　汶　3/134/1760

宋　皛　5/附/3327

宋宣遠　2/80/1117

宋　珣　2/65/914

宋　詢　4/205/2693

宋　涯　5/300/3212

5/310/3239

宋　巖　4/204/2681

宋　儼　3/139/1852

宋　遙　1/53/669

2/55/718

2/80/1118

2/86/1198

3/98/1333

3/99/1350

4/189/2490

4/196/2602

宋　倚　2/58/803

宋　顗　3/138/1817

宋元爽　1/49/567

宋元爽（宋玄爽）

3/123/1606

宋　悅　4/193/2549

宋再初　3/119/1576

3/120/1580

宋　禎　1/10/236

1/12/256

2/96/1311

4/221/2815

宋　震　3/147/2036

宋之悌　2/89/1249

5/222/2840

5/317/3253

宋之遜　4/195/2575

宋卓然　5/222/2828

宋　樽　3/132/1739

4/160/2235

5/附/3301

【蘇】

蘇　弁　3/125/1652

	3/141/1912	蘇　澣	5/275/3135
	4/202/2650	蘇　績	1/43/487
蘇　琛	5/257/3048	蘇　繫	3/125/1653
蘇　澄	2/85/1187	蘇　檢	4/209/2740
蘇　冲	3/146/2014	蘇　晉	1/54/691
蘇　粹	3/145/1998		2/65/912
蘇　亶	3/144/1963		3/98/1333
	5/附/3348	蘇　均	4/161/2246
蘇　導	5/228/2910	蘇　來	2/81/1144
蘇德瑤	5/242/3005	蘇良嗣	1/1/10
蘇　滌	3/128/1690		1/5/142
	3/147/2033		1/49/565
	4/169/2377		3/107/1447
	4/195/2591		4/195/2570
	4/202/2652	蘇　邈	5/250/3030
蘇　幹	3/98/1327	蘇　妙	3/153/2114
蘇光榮	1/13/273	蘇　某	3/141/1901
蘇　瓌	1/4/109		4/218/2798
	1/48/527		5/230/2935
	1/51/612		5/237/2984
	2/55/714		5/317/3253
	2/84/1172	蘇農泥熟	5/附/3287
	3/107/1448	蘇　球	3/150/2073
	3/123/1607		3/153/2120
	3/148/2040		4/163/2285
	4/173/2408	蘇日朝	5/312/3246
	5/附/3275	蘇　閏	5/265/3104
蘇海政	1/43/486	蘇　詵	2/64/890
	1/44/494		2/69/973

蘇師道　4/166/2326

蘇世長　4/214/2766

蘇仕評　5/312/3246

蘇仕評?　5/288/3172

蘇　湯　4/168/2363

蘇　特　1/53/681

　　　　2/60/839

　　　　3/140/1890

蘇　偶　2/69/974

蘇　頲　5/222/2838

　　　　5/222/2838

蘇味道　1/8/217

　　　　4/213/2762

　　　　5/222/2833

　　　　5/222/2834

　　　　5/226/2886

蘇　隗（蘇嵬）

　　　　5/246/3018

蘇　韙　2/70/991

蘇文建　1/4/135

　　　　1/6/189

蘇務寂　5/229/2915

蘇務廉　4/167/2349

蘇　咸　1/48/533

蘇　珣　1/5/144

蘇孝充　1/27/399

蘇　顏　4/191/2529

蘇　易　3/134/1759

蘇　奕　3/132/1741

蘇有德（蘇遏）

　　　　3/107/1452

蘇　祐　2/67/954

　　　　2/92/1293

蘇　昱　2/75/1035

蘇　遇　2/65/918

　　　　3/124/1638

　　　　4/195/2599

蘇　元　5/240/2997

蘇源明　2/66/927

蘇　震　1/49/578

　　　　1/49/580

　　　　2/80/1120

蘇知廉　1/40/472

蘇　莊　4/161/2254

　　　　4/190/2524

【孫】

孫　碧　3/154/2128

孫　成　5/附/3341

孫　成（孫晟）

　　　　3/139/1849

　　　　5/275/3137

孫　儲　1/2/64

　　　　1/6/190

　　　　1/27/407

　　　　3/140/1894

孫待封　3/140/1877

孫　讜　4/215/2777

孫道平　4/203/2660

孫德昭（李繼昭）

　　　　5/310/3243

孫　端　3/125/1655

　　　　3/126/1669

　　　　3/128/1692

孫　範　2/76/1055

孫方紹　2/78/1070

孫　防　2/94/1303

孫伏伽　1/51/608

孫復禮　3/102/1391

孫　杲　3/131/1733

　　　　4/162/2265

孫公乂　2/63/881

　　　　2/87/1225

　　　　3/129/1705

　　　　3/147/2033

　　　　4/159/2228

　　　　4/162/2269

孫公器　3/127/1676

　　　　5/290/3176

　　　　5/附/3342

孫　遘　2/63/879

孫何師　5/227/2895

孫　瑝　3/154/2127

　　　　4/196/2605

孫　徽　3/138/1830

孫　會　3/129/1701

　　　　3/138/1821

　　　　3/150/2070

　　　　4/156/2149

　　　　4/168/2362

孫季賜　5/附/3327

孫　濟　3/137/1790

孫　瑊　3/118/1571

孫　簡　1/4/129

　　　　1/48/552

　　　　1/48/553

　　　　1/50/594

　　　　1/51/628

　　　　2/55/734

　　　　2/79/1101

　　　　4/205/2704

孫踐由　3/144/1971

孫　結　4/163/2285

孫景商　1/2/55

　　　　2/66/937

　　　　3/125/1654

　　　　3/150/2072

孫　儆　2/75/1037

孫　嗀　1/50/596

孫　俊　1/18/323

　　　　1/26/387

　　　　1/26/389

　　　　3/103/1397

　　　　4/195/2576

　　　　5/236/2971

孫　揆　1/2/62

2/86/1210

孫履中 3/106/1433

孫　某 4/175/2437

5/附/3360

孫　勤 1/24/371

孫　佺(孫儉)

3/116/1545

孫　佺(孫詮)

3/147/2020

孫仁獻 5/247/3023

孫　榮 4/221/2814

孫　儒 3/123/1628

5/附/3293

孫審符 4/191/2535

孫　奭 3/145/1998

孫　璹 1/5/156

孫　宿 1/3/78

孫　俚 1/10/238

孫　玩 4/215/2778

孫微仲 3/136/1780

孫惟晟(孫惟晟、孫惟最)

4/195/2597

孫惟晟(孫惟最)

1/7/212

孫　緯 3/148/2050

孫　偓 1/2/63

孫希莊 4/218/2797

孫　襲 2/74/1024

孫　獻 3/117/1565

孫彦高 3/112/1500

孫彦皎 3/126/1658

孫　堯 4/200/2637

孫　液 1/53/675

孫　裔 3/152/2103

孫　繹 4/171/2398

孫　瑛 2/97/1320

孫玉汝 3/146/2014

孫　愿 5/附/3356

孫　肇 4/198/2621

孫志直 1/5/152

【索】

索敬節 3/129/1698

索　勛 1/42/484

索　勛? 1/43/492

【臺】

臺　濛 2/65/922

2/72/1009

3/124/1644

3/139/1865

4/156/2164

【覃】

覃崇位 5/302/3217

【談】

談子陽 4/162/2260

【譚】

譚宏玘　5/263/3099
譚全播　4/161/2256
譚元澄　2/94/1301
譚元受　5/241/3001
譚　洙　3/144/1982

【湯】

湯　賁（湯桑）
　　　　2/56/755
湯嘉惠　1/41/477
　　　　1/46/507
　　　　1/46/509
　　　　1/47/516
湯克卿　3/152/2106
湯　群　1/52/660
　　　　2/94/1302

【唐】

唐　寶　4/159/2231
唐　昇　2/63/877
唐朝臣　1/7/202
　　　　1/25/378
　　　　2/79/1095
唐　持　1/18/334
　　　　2/86/1205
　　　　5/300/3212
唐　次　4/200/2635

唐　次（唐文編）
　　　　4/211/2754
唐奉義　1/18/317
唐　扶　3/151/2090
唐弘夫　1/18/336
唐弘實　2/56/756
　　　　3/111/1493
　　　　5/290/3181
唐　技　4/161/2255
唐嘉會　2/93/1295
　　　　4/209/2733
唐　珹　4/193/2549
　　　　5/232/2947
唐　戡　5/258/3077
唐　儉　4/166/2323
　　　　5/230/2931
唐　皎（唐晈）
　　　　5/222/2827
唐九徵　2/84/1175
唐　禮　2/83/1166
唐良臣　4/208/2728
唐　臨　1/1/7
　　　　4/171/2390
　　　　5/260/3086
唐　論　4/200/2633
唐　旻　2/84/1178
唐　敏　2/67/945
唐　敏（唐季卿）
　　　　1/6/169

217

1/10/234

2/55/712

2/76/1042

唐 某 2/90/1272

唐啓心 5/227/2894

唐 慶 3/130/1720

唐若山 3/137/1790

唐 伸 4/173/2414

唐 伸? 3/143/1956

唐世旻 4/171/2399

唐思悦 4/174/2431

唐思貞 4/213/2765

唐同仁 2/58/784

3/142/1926

唐同泰 5/237/2977

唐先慎 2/60/831

唐休璟 1/39/459

唐休璟(唐璿)

1/18/320

1/45/500

1/47/514

2/96/1311

3/116/1544

3/121/1587

3/122/1593

唐休琰 5/241/3001

唐 遜 5/235/2964

唐彦謙 2/80/1130

2/81/1149

2/82/1157

3/119/1576

4/212/2760

4/216/2786

唐彦隨 3/138/1833

唐 懿 3/100/1354

4/192/2536

唐虞景 4/186/2475

唐 譽? 5/附/3298

唐元封 4/214/2772

唐 昭 1/50/604

5/257/3072

唐貞休 1/7/198

2/77/1062

唐貞休? 4/166/2324

唐正心 4/172/2401

【陶】

陶大舉 1/27/398

1/29/414

1/31/422

1/34/436

1/36/446

1/52/641

2/59/805

3/100/1358

4/205/2689

5/228/2906

陶大舉(陶雲)

3/106/1432

4/156/2140

陶大有　1/36/446

1/46/503

陶　鍠　5/227/2900

陶建剣　2/80/1131

陶　鋭　1/1/26

3/125/1647

4/158/2194

陶　銑　3/147/2027

4/158/2198

陶　祥　4/158/2210

陶　雅　3/128/1692

3/138/1833

3/148/2051

5/附/3355

5/附/3355

陶　英　5/276/3152

陶　禹　2/60/832

2/87/1219

5/227/2895

陶貞益　2/69/986

【滕】

滕存免（滕從免）

5/290/3185

滕　蓋　2/77/1066

滕　邁　3/144/1979

3/147/2033

4/162/2269

滕　脩（滕循）

5/257/3073

滕殷晉　5/307/3223

【田】

田　昂　3/104/1416

田　布　1/13/274

1/52/656

3/98/1341

田　朝　2/73/1019

田承嗣　3/98/1338

3/98/1338

3/115/1536

4/171/2393

田從異　2/59/823

田德平　1/7/194

3/142/1924

田　敦　3/138/1824

3/139/1852

3/140/1883

3/146/2010

田　昉　5/250/3032

田弘正　2/66/931

3/106/1439

田弘正（田興）

3/98/1340

田　宏　1/18/322

3/107/1449

田　華　5/附/3325

田　渙　3/111/1492

田　鐬　1/21/352

　　　　2/66/939

田季安　3/98/1340

田季羔　3/146/2007

田季和　5/附/3321

田景度　2/65/917

　　　　4/161/2252

田克加　1/23/364

田留安　2/64/886

　　　　3/98/1324

　　　　4/157/2168

田　牟　1/7/208

　　　　1/15/296

　　　　1/18/334

　　　　1/19/343

　　　　1/22/361

　　　　2/64/900

　　　　2/64/902

　　　　2/64/902

　　　　2/66/936

　　　　2/66/937

　　　　2/69/982

田　某　2/84/1185

　　　　3/127/1678

　　　　4/167/2347

　　　　4/173/2409

　　　　4/198/2620

　　　　4/220/2812

田南金　1/54/695

田　琦　2/59/811

　　　　2/61/850

　　　　2/73/1018

　　　　3/131/1730

田乾真　1/1/23

田　群　2/61/857

　　　　5/附/3322

田仁會　1/24/367

　　　　3/120/1578

　　　　4/193/2546

田仁俊　2/96/1312

田仁琬　1/18/324

　　　　1/46/510

　　　　2/91/1278

　　　　3/128/1685

田仁琬(田琬)

　　　　3/113/1519

　　　　3/113/1519

田　融　3/99/1352

　　　　3/100/1367

田神功　2/55/726

　　　　2/64/894

　　　　2/69/977

　　　　2/76/1050

田神玉　2/55/726

　　　　2/68/963

田師侃　4/220/2812

田世康　1/49/558
　　　　4/175/2435
　　　　4/221/2814
田　緍（田進）
　　　　1/16/307
田廷玠　3/104/1416
　　　　3/109/1467
田廷玠（田庭玠）
　　　　3/100/1366
田廷琳　3/102/1389
田　琬　1/26/390
田　維　3/98/1339
田　渭（田謂）
　　　　3/153/2119
田文雅　4/180/2465
　　　　5/276/3152
田希鑒　1/13/271
田秀誠（田進誠）
　　　　4/191/2531
田　緒　3/98/1339
田　陽　4/162/2270
田揚名　1/46/505
田義昌　3/151/2080
田　英　4/177/2455
田　穎　2/56/756
　　　　2/63/880
　　　　3/104/1418
田　猷　4/178/2456
田元獻　1/42/482

田　悦　3/98/1339
田　顥　4/156/2164
田再思　3/105/1425
田在賓　1/16/310
　　　　5/238/2989
田在宥　5/310/3239
田　瓚　2/62/861
　　　　4/191/2526
田　早　3/111/1494
　　　　5/310/3238
田　章　4/219/2805
　　　　5/326/3266
田　直　1/4/104

【屠】

＊屠璟智　3/138/1833

【塗】

塗　曉　4/158/2211

【吐】

吐突知節　3/144/1965

【拓】

拓拔乾暉　1/16/305
拓跋澄峴　1/21/351
拓跋乾暉　1/21/351
拓跋思恭　1/23/365
拓王奉　5/246/3015

【萬】

萬 汾 4/176/2453
萬 洪 3/109/1472
萬憬皓 5/263/3098
　　　5/附/3367

【汪】

汪 華 3/148/2039
汪 泖 1/8/225
*汪 武 3/125/1656
　　　3/154/2128

【王】

王 縉 1/5/151
　　　1/48/538
　　　2/90/1256
　　　3/116/1553
　　　3/149/2059
　　　5/225/2880
王安仁 1/24/367
王 昂 2/79/1091
　　　2/79/1091
　　　4/169/2372
　　　4/195/2583
王 葆 3/144/1982
王本立 1/24/367
　　　1/25/373
　　　1/41/476

王 佖 1/18/330
王 弼 2/65/913
　　　3/127/1673
王 卞 1/25/385
王 弁 4/211/2755
王 冰 2/89/1251
王 冰（王砅）
　　　2/58/793
王波利 2/56/743
王波利（王濤）
　　　3/98/1324
王 播 1/2/41
　　　2/58/796
　　　3/123/1621
　　　5/222/2851
王 薄 2/73/1011
王 操 5/附/3313
王 察 4/169/2373
王長諧 1/20/346
　　　1/27/397
王 潮 3/151/2095
　　　3/153/2123
王 諶（王湛）
　　　2/59/805
王承弁 4/200/2636
王承弁（王承業）
　　　5/310/3237
王承迪 5/231/2943
王承俊 3/146/2007

王承林　3/100/1368
　　　　3/135/1771
王承休　5/232/2948
王承顔　1/19/344
王承業　2/90/1254
　　　　5/229/2926
王承元　1/5/158
　　　　1/7/206
　　　　2/57/772
　　　　2/76/1052
王承宗　3/106/1439
王　澄　4/209/2736
王崇正　1/41/477
王　礎　4/175/2440
王　俶　4/195/2578
王處存　2/79/1107
　　　　3/112/1513
王處默　4/178/2458
王處直　3/112/1514
王　倕　1/39/464
　　　　1/48/534
王　沘　1/15/296
王從初（王崇初）
　　　　3/152/2108
王　琮　3/147/2032
王大禮　1/17/314
　　　　3/148/2040
　　　　3/151/2078
王　當　1/51/609

王　道　5/236/2969
王道堅　3/100/1368
王　燾　2/64/893
　　　　2/83/1163
　　　　3/100/1365
　　　　3/114/1531
　　　　4/197/2611
王　得　2/59/826
王德本　4/190/2513
王德茂　2/94/1300
王德仁　5/附/3320
王德素　4/216/2780
王德玄　4/191/2527
王德載　4/162/2273
王德真　1/4/107
王　定　2/83/1164
王　都　3/113/1524
王　鐸　2/55/739
　　　　2/57/780
　　　　3/109/1474
　　　　4/195/2595
王　鍔　2/79/1097
　　　　3/123/1620
　　　　4/158/2199
　　　　4/172/2402
　　　　5/257/3059
　　　　5/300/3208
王　鍔（王諤）
　　　　2/90/1260

王　璠　1/2/48
　　　1/2/60
　　　1/50/591
　　　2/90/1262
　　　3/137/1799
王方平　3/116/1543
　　　4/163/2275
　　　4/170/2380
王方慶　1/48/526
　　　1/49/566
　　　2/89/1241
　　　5/257/3045
王方翼　1/16/302
　　　1/41/476
　　　1/43/486
　　　1/46/503
　　　1/47/514
王　胐　5/228/2911
王　玢　2/59/814
王　渢　3/142/1945
王　逢　2/59/820
王　諷　3/152/2108
王　諷（王瑊）
　　　3/155/2135
王　諷（王渢）
　　　1/48/555
　　　5/229/2927
王奉慈　3/142/1925
　　　4/166/2323

王鳳佚　1/4/116
王佛奴　4/161/2248
王福時？　2/73/1013
王　俌　1/15/293
　　　3/106/1437
　　　3/112/1505
王　撫（王甫）
　　　1/1/27
王傅之　5/附/3353
王　感　1/21/349
王　皋　2/56/759
王　高　4/172/2402
王　郜　3/112/1514
王公亮　4/166/2336
　　　4/204/2678
王公政　3/106/1430
　　　3/112/1496
王　拱　5/275/3137
王　琪　1/51/635
　　　4/208/2730
王　遘　3/124/1636
　　　3/139/1849
王　固　3/153/2120
王　瓘　2/81/1149
王光輔　2/86/1196
王光冑　3/144/1972
王　珪　1/4/103
王　�　1/4/132
　　　3/142/1946

王黿範　2/92/1292

王歸一　1/13/264

王　璨　4/175/2448

王　軌　2/57/760

王國稀　5/附/3310

王國卬（王國祁）
　　　　5/附/3286

王　果（王杲?）
　　　　5/238/2986

王　果（王世果）
　　　　1/46/504
　　　　5/257/3044

王海賓　1/22/356

王和清　1/44/496

王弘夫　5/324/3262

王弘直　3/98/1325

王宏質　2/87/1224

王　翃　1/1/32
　　　　1/25/377
　　　　1/48/542
　　　　2/79/1093
　　　　2/84/1179
　　　　3/151/2085
　　　　4/173/2410
　　　　4/178/2458
　　　　5/300/3205

王　鉷　1/1/21

王斛斯　1/45/500
　　　　1/46/510

　　　　3/116/1551
　　　　3/121/1589

王懷亮　1/43/489

王懷忠　3/102/1389

王　晃　3/150/2069

王　暉　2/97/1319
　　　　4/213/2765

王　徽　1/2/61
　　　　2/86/1208
　　　　4/213/2764

王　回　3/103/1403

王　回?　4/160/2243

王　積　3/111/1488

王及善　1/27/400
　　　　2/57/762
　　　　2/89/1240
　　　　3/98/1328
　　　　5/222/2832

王　伋（王希賢）
　　　　3/142/1948

王　計　2/77/1064

王　稷　3/110/1485
　　　　3/111/1493

王　濟　3/129/1697

王嘉祥　3/135/1769

王　暕　3/110/1483

王　儉　3/143/1961

王　儉（王綽）
　　　　2/95/1304

王　建　3/132/1741
　　　　4/186/2475
　　　　4/208/2730
　　　　4/212/2759
　　　　4/216/2786
　　　　5/222/2859
　　　　5/223/2867

*王　建　4/212/2760
　　　　5/237/2982

王建侯　3/144/1976
　　　　4/163/2283
　　　　4/209/2738

王建侯?　4/198/2619

王建肇　4/175/2448
　　　　4/195/2597

王進誠　5/295/3194

王進岌　3/107/1454

王　景　1/30/420
　　　　2/77/1062

王景崇　3/106/1442

王景儒　3/107/1454

王景肅　3/137/1791
　　　　4/174/2420

王景胤　3/108/1461

王　警　1/29/414

王敬羲　2/62/868
　　　　2/64/907

王敬柔　3/114/1534
　　　　3/118/1573

　　　　3/120/1581
　　　　3/121/1591

王敬武　2/76/1057

王敬忠　1/28/410

王　琚　1/4/114
　　　　2/57/764
　　　　2/58/789
　　　　2/59/810
　　　　2/61/850
　　　　2/79/1086
　　　　2/87/1218
　　　　3/100/1364
　　　　3/104/1414
　　　　3/136/1777
　　　　3/137/1790
　　　　4/167/2349
　　　　4/168/2362
　　　　4/190/2516
　　　　4/200/2632
　　　　4/210/2745
　　　　5/246/3017

王　舉　3/152/2099

王巨源　3/108/1459

王君奐　1/31/424
　　　　1/39/461
　　　　1/39/461

王君廓　2/88/1229
　　　　3/116/1539

王　晙　1/14/285

	1/26/388	王　鸎	3/140/1894
	2/89/1246	王　搢	5/224/2872
	2/89/1248	王　淪（王淪）	
	3/112/1502		3/152/2103
	3/113/1518	王　淪	3/153/2117
	3/116/1547	王　羅?	5/257/3041
	3/131/1730	王　邁	2/74/1031
	4/169/2371	王茂元	1/13/276
	5/229/2914		1/52/659
	5/275/3130		2/59/819
王　漕	2/55/722		2/61/856
王　堪	4/165/2316		4/193/2552
	4/174/2427		4/199/2627
	4/190/2523		5/257/3064
王康壽	4/213/2762		5/290/3180
王　抗	1/51/615		5/300/3211
王　珂	2/79/1108	王茂章	3/137/1808
王克同	2/80/1122	王茂章（王景仁）	
王　寬	1/19/344		3/128/1693
	5/310/3240		4/156/2164
王立行	1/16/302	王　玫	1/6/188
	1/18/320	王美暢	2/60/830
	4/166/2323		3/137/1786
	4/200/2631		4/159/2216
王良士	5/236/2973		4/164/2293
王　僚	2/69/978	王　密	3/140/1880
王　鐐	1/54/706		3/142/1936
王　烈	3/146/2002		3/143/1952
王履清	2/82/1155	王　沔	3/140/1880

227

4/156/2149

王　勋　1/13/265

王　冕　5/257/3051

王　某　1/28/411

1/53/674

2/63/875

2/70/994

2/86/1198

3/106/1431

3/131/1731

3/145/1991

4/158/2212

4/168/2368

4/169/2376

4/170/2384

4/190/2519

4/200/2632

4/216/2782

5/223/2863

5/228/2909

5/236/2975

5/278/3156

5/288/3172

王　某?　4/207/2720

王　沐（王沭、王術）

3/143/1952

王　迺　2/74/1031

王難得　4/204/2672

王　凝　1/4/132

1/50/601

1/50/602

4/156/2162

4/166/2343

4/204/2680

王　沛　1/11/250

2/59/817

2/60/838

2/69/979

王　浦　3/140/1883

王　浦（王溥）

3/152/2103

王　溥　1/4/133

王栖曜　1/7/203

王奇光　1/52/648

2/58/792

王奇哲　3/106/1443

王　琪　3/128/1694

王齊望　4/210/2744

王　起　1/48/551

1/50/591

1/51/627

2/79/1100

4/189/2503

4/205/2705

王虔休（王延貴）

2/86/1200

王虔裕　5/272/3121

王　潛　1/13/273

		4/195/2587
		5/224/2873
		5/228/2909
王 喬	1/13/268
	2/59/809
王 翹	4/218/2799
王 欽	2/83/1165
	4/216/2779
王 卿	3/139/1859
王 丘	1/52/644
王 球	5/300/3212
王 佺	5/239/2992
王 詮	2/84/1171
王 權	1/1/38
	1/50/586
王仁表	1/5/139
王〔仁〕徹	3/152/2097
王仁威	4/218/2801
王仁祐	2/60/828
王 戎	5/附/3357
王 榮	3/139/1837
王 鎔	3/106/1442
王 儒	5/附/3310
王 濡	3/134/1759
王汝繙	3/152/2110
王 銳	5/291/3189
王山輝	4/162/2259
	4/164/2294
	4/208/2726

王上客	1/18/323
	3/107/1451
	3/145/1990
王 紹	1/48/543
	2/64/898
王紹鼎	3/106/1441
王紹烈	3/105/1428
王紹懿	3/106/1442
	3/108/1461
王 涉	2/72/1006
王 俦	3/117/1565
	3/128/1686
王 詵	3/117/1564
王審邦	3/153/2123
王審禮	3/147/2024
	3/150/2068
王審知	3/151/2095
王 昇	4/220/2810
王昇朝	5/318/3255
王師範	2/76/1058
	5/附/3296
王師感	5/233/2952
王師誨	2/77/1065
王師克	2/77/1065
王師閔	5/233/2956
王師虔	3/142/1932
王師乾	3/129/1698
	4/170/2381
	5/259/3082

王師順　4/198/2616

王士平　3/135/1770

王士清　3/107/1453

王士則　3/103/1400

王士真　3/106/1439

　　　　3/110/1484

王　式　2/64/902

　　　　2/81/1148

　　　　3/142/1944

　　　　5/310/3240

　　　　5/附/3291

王守廉　4/202/2647

王守真　2/77/1061

　　　　3/99/1347

　　　　3/109/1464

　　　　3/137/1784

　　　　4/157/2170

　　　　4/220/2808

王叔雅　4/160/2239

　　　　4/161/2251

王叔邕　5/229/2919

王叔政　5/227/2902

王　樞　4/204/2681

王　爽　1/2/65

王　順　1/10/243

王思恭　1/53/667

王思禮　1/12/258

　　　　1/30/420

　　　　2/86/1199

　　　　2/90/1255

王思泰　1/53/664

王思旭　4/208/2727

王　遂　2/70/993

　　　　4/156/2152

　　　　4/190/2522

　　　　5/288/3170

王　壇　3/145/1999

王　檀　2/71/1001

王　滔　4/217/2790

王　悌　2/73/1017

　　　　3/141/1905

王　璂　3/107/1449

王廷湊(王庭湊)

　　　　3/106/1440

王庭璬　4/171/2393

王　鋌　4/218/2798

　　　　5/227/2900

王通古　3/149/2065

王　同　3/152/2105

王同人　2/63/875

　　　　2/65/912

王　搏　3/139/1863

　　　　3/142/1947

　　　　4/166/2345

　　　　4/177/2455

王　綰　2/72/1010

　　　　2/72/1010

王惟忠　2/78/1069

3/115/1535

王　暐　1/4/115

王衛春　5/246/3014

王　緯　3/137/1797

　　　　5/224/2872

王文矩（王孝矩）

　　　　5/附/3302

王武俊　3/106/1438

　　　　3/116/1555

王武宣　4/165/2310

王希儁　1/49/568

　　　　3/100/1361

　　　　4/192/2538

　　　　5/227/2894

　　　　5/230/2933

王希儔（王希俊、王希儁）

　　　　3/142/1929

王希倩　3/132/1739

王　晞　1/7/199

王　珧（王元奬）

　　　　1/24/367

王　羨　3/99/1346

王　祥　5/227/2896

王　象　1/52/647

　　　　3/98/1335

王孝德　2/91/1273

王孝敬　3/151/2078

王孝師　3/109/1462

王　昕　1/54/692

2/76/1045

王新豐　4/215/2777

王行本　2/79/1075

王行敏　2/86/1192

　　　　2/86/1192

王行審　1/7/214

王行實（王行約）

　　　　1/4/134

王行瑜　1/6/189

王　雄　5/附/3288

王雄誕　3/148/2039

王　熊　3/132/1739

　　　　3/133/1748

　　　　4/166/2325

　　　　4/193/2548

王休名　3/100/1363

王　頊　3/107/1455

王　諝　1/33/435

王　勗（王遂古）

　　　　2/62/862

王　緒　3/132/1743

　　　　3/154/2128

王玄同　4/202/2651

王玄志　3/121/1591

　　　　3/122/1595

王　璿　2/56/745

王　選　3/139/1867

王荀息　2/91/1283

王　珣　2/59/809

王遜 4/157/2191

王涯 4/163/2282

4/205/2701

5/229/2921

王延彬 3/153/2124

王顏 2/58/795

3/141/1911

王儼 4/195/2567

王彥昌 1/2/64

王彥復 3/153/2123

王彥威 2/55/734

2/59/819

2/76/1053

王晏平 1/18/332

王晏權 2/64/904

5/310/3242

王晏實 2/73/1021

2/74/1031

5/附/3324

王宴實 1/27/405

王瑤 2/80/1131

2/82/1158

王要漢 2/55/711

王曄 5/233/2953

王鄴 2/94/1303

2/95/1307

2/97/1320

王鄴? 2/84/1185

王□一 4/220/2811

王怡 1/48/530

1/49/572

3/105/1428

3/107/1453

3/108/1460

3/123/1611

王巖 3/120/1578

王倚（王椅）

3/110/1487

王易從 3/123/1612

王翊 3/152/2106

4/189/2494

4/204/2672

王義童 3/106/1430

3/151/2076

4/217/2787

王翼 2/89/1253

4/191/2533

王鎰 4/193/2552

王繹 4/167/2353

王殷任 3/113/1522

王崟 1/52/651

4/200/2633

王罃 2/64/891

王邕（王顒）

4/171/2393

王雍 3/151/2084

王顒 5/246/3019

王友遇 2/80/1130

王有道　5/239/2993

王有方　1/35/441

王　璡　3/123/1617

　　　　3/142/1934

王　璵（王峢）

　　　　2/79/1090

王　昱　2/89/1250

　　　　3/138/1815

　　　　3/149/2055

　　　　5/222/2841

　　　　5/222/2841

王　遇　1/3/98

王　裕　4/192/2536

王　豫　3/145/1989

王元輔　2/72/1006

王元珪　5/257/3047

王元揩　2/64/888

王元遘　3/106/1440

王元琬　1/21/351

王元琰　2/92/1289

王　圓　2/74/1029

　　　　4/160/2236

王源茂　5/234/2960

王源植　3/151/2091

王源中　2/66/934

　　　　4/205/2703

王　蘊　3/139/1863

王　蘊（王緼）

　　　　2/59/824

王　宰　1/6/184

　　　　1/15/296

　　　　2/59/819

　　　　2/87/1226

　　　　2/90/1265

王　宰（王晏宰）

　　　　1/19/343

　　　　3/132/1742

　　　　5/附/3290

王　愷　3/145/1998

王　澤　3/100/1367

王　展　4/167/2349

王　湛　1/7/195

　　　　3/107/1446

　　　　4/212/2757

　　　　5/240/2996

王　湛（王諶）

　　　　4/204/2667

王　樟　5/238/2989

王　釗（王劍）

　　　　3/104/1419

王　沼　4/213/2764

王　哲　4/161/2257

王　真　5/223/2864

王　縝　3/147/2028

　　　　4/162/2262

王　鎮　2/86/1204

　　　　3/130/1722

　　　　3/151/2092

王 徽 3/133/1750

王正見 1/46/511

　　 1/47/519

王正誉 5/236/2973

王正雅 1/54/701

王 政 1/4/118

　　 4/164/2297

　　 4/189/2494

王知道 1/11/251

王知進 5/310/3232

王 直 1/42/480

王志愔 2/55/716

　　 2/73/1016

　　 3/98/1331

　　 3/123/1611

王志遠 5/246/3014

　　 5/310/3227

王 崎 3/151/2079

王智興 2/55/733

　　 2/59/817

　　 2/64/899

　　 2/70/993

　　 2/79/1100

王 質 1/50/592

　　 2/58/798

　　 4/156/2156

王贄弘 4/217/2794

王忠臣 5/附/3336

王忠嗣 1/18/324

　　 1/25/375

　　 1/31/428

　　 1/39/465

　　 2/89/1252

　　 2/91/1278

　　 2/91/1278

　　 2/97/1315

　　 3/136/1778

　　 4/192/2539

王仲達 3/153/2114

王仲漣 3/144/1976

王仲昇 3/130/1714

　　 3/135/1767

王仲昇（王仲升）

　　 1/8/221

王仲舒 3/129/1703

　　 3/139/1854

　　 3/145/1995

　　 4/157/2182

　　 4/198/2618

王仲周 3/143/1954

　　 3/144/1977

　　 4/208/2729

王重簡 1/3/98

王重榮 2/69/985

　　 2/79/1106

王重師 1/2/65

　　 2/62/868

　　 2/76/1059

王重盈　1/51/634
　　　　2/79/1107
　　　　2/84/1183
王衆仲　4/161/2253
　　　　4/167/2357
王　冑　3/139/1838
王　柷（王祝）
　　　　3/138/1830
王　兹　5/225/2883
王子麟　3/134/1757
　　　　3/136/1777
　　　　3/142/1930
　　　　3/148/2040
　　　　4/166/2324
　　　　4/217/2789
王　宗　3/130/1717
　　　　4/205/2707
王宗本　4/220/2812
　　　　4/221/2819
王宗弼　5/226/2891
　　　　5/236/2975
　　　　5/236/2975
王宗播　5/223/2868
　　　　5/227/2904
王宗播（許存）
　　　　4/201/2643
王宗誠　1/19/344
王宗滌　4/205/2711
王宗滌（華洪）

5/229/2929
5/237/2983
王宗翰　5/224/2876
　　　　5/226/2891
王宗浩　4/207/2721
王宗賀　4/205/2711
王宗佶　5/227/2904
　　　　5/229/2929
　　　　5/230/2938
　　　　5/236/2975
王宗謹　5/244/3010
王宗靖　5/附/3365
王宗矩（侯矩）
　　　　4/200/2638
王宗侃　5/226/2891
　　　　5/230/2938
　　　　5/238/2990
王宗夔　5/223/2867
　　　　5/237/2983
王宗朗　4/203/2665
王宗朗（全師朗）
　　　　4/203/2665
王宗儒　3/130/1718
王宗阮　4/220/2812
　　　　4/220/2813
王宗壽　4/217/2794
王宗綰　4/209/2741
　　　　5/225/2884
王宗偉　4/208/2731

	5/228/2911		2/79/1084
王宗瑤	5/225/2883		2/89/1241
	5/230/2939		3/110/1480
	5/235/2967		3/123/1608
	5/236/2974	韋安貞	5/258/3076
	5/241/3003	韋　澳	1/2/56
王宗祐	5/224/2875		1/6/186
	5/237/2983		1/50/599
王宗裕	5/223/2868		2/76/1056
	5/229/2929		5/附/3291
	5/236/2974	韋　霸	1/54/695
王　縱	1/19/344	韋　班	3/146/2007
	2/85/1190		4/167/2352
	3/103/1402	韋保衡	5/262/3094
	4/221/2817	韋　寶	1/19/339

【危】

韋抱貞(韋抱真)

危全諷	4/160/2244		5/229/2914
危仔昌	4/159/2230	韋　弼	2/75/1037
	4/160/2243		2/77/1062
	5/264/3101		4/204/2669
	5/附/3346	韋　彪	4/171/2396

【韋】

			4/191/2533
韋　淮	1/5/143	韋　斌	1/54/694
韋安石	1/48/527		3/130/1713
	1/48/529		3/131/1730
	1/53/667		4/165/2312
	2/76/1045	韋　博	1/2/55
			2/76/1055
			2/86/1205

韋　薄　3/153/2122

韋　采　4/171/2392

韋藏鋒　4/218/2798

韋　蟾　4/164/2307

韋　長　1/2/49

　　　　1/50/594

　　　　2/76/1053

　　　　4/195/2588

韋承徽　4/202/2646

韋承慶　2/58/785

　　　　2/61/846

　　　　2/70/989

　　　　4/178/2457

韋承造　2/80/1129

韋　澄　5/227/2892

韋處厚（韋淳）

　　　　4/211/2755

韋　詞（韋辭）

　　　　4/166/2337

　　　　4/173/2412

韋　湊　1/5/146

　　　　1/48/530

　　　　1/49/572

　　　　1/51/614

　　　　1/54/690

　　　　2/68/961

　　　　2/84/1175

　　　　2/89/1248

　　　　3/102/1386

　　　　3/141/1903

韋待價　1/30/418

　　　　1/39/457

　　　　1/41/475

韋　丹　2/81/1145

　　　　4/157/2180

　　　　5/229/2919

　　　　5/290/3178

　　　　5/300/3209

韋　誕（韋証）

　　　　4/217/2792

韋德鄰　5/附/3345

韋德載　4/202/2650

韋　滌　4/159/2224

韋　汎　4/158/2202

韋方憲　3/144/1977

韋　昉　5/230/2936

韋　朏（韋勝）

　　　　1/10/240

韋　玢　3/107/1449

　　　　4/159/2218

韋　復　3/152/2102

韋　皋　1/5/154

　　　　1/15/294

　　　　1/15/294

　　　　5/222/2849

韋　鎬　4/206/2714

韋公幹　5/314/3250

　　　　5/326/3265

韋公肅　4/217/2794

韋恭甫　2/79/1102

韋寡尤　4/209/2733

韋觀象　4/163/2289

韋貫之　1/50/589

　　　　4/166/2335

　　　　4/214/2771

　　　　4/217/2793

韋　瓘　3/124/1640

　　　　5/265/3104

　　　　5/275/3144

韋　光　5/233/2953

韋光輔　3/146/2008

韋光憲　4/169/2373

韋光業　3/132/1739

韋光裔　1/54/697

韋　袞　5/226/2888

韋　涵（韋函）

　　　　4/172/2402

韋　顥　4/209/2736

　　　　5/248/3025

韋　荷　5/257/3068

韋　恒　1/3/75

　　　　1/5/149

　　　　2/55/720

韋　珩　3/140/1887

　　　　4/158/2205

韋　珩（韋衡）

　　　　3/144/1978

韋　衡　1/14/286

韋弘機　1/48/526

韋弘機（韋機）

　　　　3/118/1569

韋弘景　1/48/549

　　　　1/50/592

　　　　1/51/627

　　　　5/227/2901

韋弘楷　4/159/2214

韋弘敏　2/84/1171

韋洪皋　5/227/2901

韋　渙　5/236/2971

韋　瀚　4/216/2783

韋黃裳　3/139/1845

　　　　3/146/2006

　　　　5/附/3335

韋　晦　1/51/633

韋吉甫　1/7/196

韋　佶　3/128/1687

韋季莊　1/5/149

韋　濟　1/4/116

　　　　1/49/576

　　　　2/89/1252

　　　　3/106/1434

　　　　3/111/1491

韋　繫　4/165/2314

韋　堅　1/51/617

　　　　3/149/2056

韋　建　4/163/2284

韋建中　3/139/1866

　　　　3/145/2000

韋　漸　5/232/2947

韋　珒　5/234/2960

韋　津　5/232/2945

韋　廛　5/300/3212

韋　晉　3/138/1816

　　　　5/239/2993

韋景駿　4/197/2610

韋景先　3/140/1876

韋巨源　1/7/197

　　　　1/48/527

　　　　1/48/528

韋　據　5/258/3074

韋君靖　4/218/2800

　　　　5/231/2944

　　　　5/附/3364

韋君卿　4/180/2465

韋　俊　2/78/1068

韋　濬　5/229/2916

韋　康　4/175/2444

韋　抗　1/48/531

　　　　2/79/1086

　　　　3/135/1766

　　　　5/222/2837

　　　　5/222/2838

韋匡素　3/126/1658

韋　鯤　2/91/1285

韋利賓　3/105/1424

　　　　5/230/2933

韋利見　5/257/3054

　　　　5/257/3055

韋利器　3/147/2022

韋　璉　3/108/1457

韋良金　5/237/2980

韋良宰　4/164/2296

　　　　4/197/2611

韋　琳　1/8/218

　　　　5/257/3049

韋　凜　4/173/2411

韋令儀　4/205/2693

韋　倫　1/11/247

　　　　1/15/293

　　　　1/27/403

　　　　3/144/1972

　　　　4/159/2221

　　　　4/189/2495

　　　　4/202/2648

　　　　4/204/2673

　　　　5/258/3075

韋　玫　1/8/226

韋　浼（韋莓）

　　　　4/214/2771

韋　勉　4/194/2559

韋　岷　4/215/2776

韋明歔　1/3/74

　　　　3/105/1426

　　　　3/140/1874

韋明辰（韋明宸）

　　　5/228/2908

韋　某　1/28/411

　　　2/60/837

　　　3/127/1675

　　　3/144/1975

　　　4/171/2395

　　　4/174/2427

　　　5/223/2865

　　　5/287/3168

　　　5/附/3340

韋南金　2/69/976

　　　3/140/1876

　　　3/144/1970

　　　3/147/2024

　　　4/205/2693

韋彭壽　3/143/1954

韋　浦　2/67/954

韋　屺　1/53/677

　　　2/56/755

　　　2/58/797

韋乾度　3/127/1677

　　　4/173/2412

　　　5/235/2965

韋　潛　4/174/2421

韋　翹　1/4/119

韋卿紹　3/144/1972

韋　慶　3/144/1963

韋慶植　2/71/996

　　　3/128/1683

韋　璆　3/146/2004

韋　愨　2/57/777

　　　4/164/2305

韋　讓　1/1/3

　　　2/57/777

韋仁基　5/250/3029

韋仁壽　5/246/3014

韋仁爽　4/206/2713

韋容成　5/237/2978

韋　銳　3/144/1966

韋　勺　2/62/865

韋　韶　3/143/1950

韋審規　3/130/1721

韋慎名　5/224/2869

韋　昇　2/87/1217

韋　繩　1/7/200

　　　1/13/267

　　　2/65/913

韋　晟　3/111/1491

韋　師　3/99/1347

　　　4/209/2733

韋師實　1/3/70

　　　1/27/399

韋　湜　2/73/1015

韋士模　5/224/2872

韋士南　4/201/2641

韋士勛　3/147/2029

　　　4/203/2661

韋士宗　4/209/2736

韋士宗（韋士文、韋士伋）

　　　　4/175/2441

韋世師　3/99/1347

韋仕符　2/63/881

韋守盈　5/285/3164

韋　綬　3/148/2046

　　　　4/161/2253

　　　　4/205/2700

韋叔將　2/61/851

韋叔卿　1/9/230

韋叔諧　2/79/1076

韋　紓　3/149/2063

韋　淑　3/135/1765

韋　署　3/151/2091

韋　曙　3/139/1860

　　　　5/257/3066

韋　說　5/262/3093

韋思安　2/94/1300

韋思義　3/144/1966

韋嗣立　1/54/690

　　　　2/55/715

　　　　2/56/747

　　　　2/59/808

　　　　2/60/832

　　　　3/98/1329

　　　　3/100/1360

　　　　3/104/1410

韋　頌　4/159/2225

韋　損　2/66/936

　　　　3/112/1511

　　　　3/137/1795

　　　　3/138/1819

　　　　3/140/1878

　　　　4/164/2305

韋泰真　1/1/10

　　　　1/52/640

韋泰真（韋知道）

　　　　1/49/565

韋　郯　1/8/219

韋　覃　3/124/1636

　　　　3/129/1703

韋　坦　3/144/1969

韋　騰（韋勝）

　　　　1/4/118

韋　迢　5/258/3076

韋　挺　5/287/3167

韋　鋌　5/233/2956

　　　　5/235/2966

韋　同　4/157/2171

韋　彤　4/174/2425

韋　曈　1/53/681

韋　琬　1/28/409

韋　萬　4/202/2648

韋　汪　1/35/444

韋　維　1/8/218

韋　溫　1/51/629

　　　　4/156/2157

*韋 温 3/123/1608

韋文恪（韋文悟）

　　　3/147/2031

韋 武 1/2/39

　　　2/80/1123

　　　2/81/1145

　　　5/230/2936

　　　5/275/3138

韋 武? 5/278/3155

韋武威 4/172/2405

韋 錫（韋玄錫）

　　　3/144/1984

韋 銑 3/98/1334

　　　3/123/1613

　　　3/137/1788

韋夏卿 1/1/37

　　　1/48/543

　　　2/64/897

　　　3/138/1823

　　　3/139/1851

　　　4/173/2410

韋 晶 5/226/2887

韋孝謇 4/213/2761

韋 協 1/27/396

韋行規 4/207/2721

韋行立 3/149/2062

韋行式 1/45/501

韋 夐 3/141/1922

韋秀莊 2/57/764

韋 岫 2/65/921

　　　3/151/2094

韋虚受 4/210/2745

韋虚心 1/48/532

　　　2/68/960

　　　2/86/1197

　　　2/89/1250

　　　3/123/1613

　　　3/148/2040

　　　4/195/2575

韋虚舟 3/98/1336

　　　4/157/2173

　　　4/195/2578

韋 愃 4/214/2771

韋 儇 3/137/1793

　　　4/157/2174

韋 翾 3/153/2122

韋玄福 1/17/314

韋玄泰 1/51/612

　　　5/275/3130

韋玄儼 2/59/806

　　　3/103/1394

韋玄貞 2/61/845

韋 絢 3/112/1513

韋 塤 3/143/1956

韋 繡 2/58/797

韋 繢（韋勳）

　　　5/235/2965

韋 詢 3/125/1656

韋延安	3/130/1715		3/147/2033
	4/164/2297		5/229/2925
韋彦師	4/160/2233	韋幼成	1/52/648
韋 瑤	4/217/2791		4/205/2693
韋 叶	3/144/1974	韋幼章	2/65/915
韋貽範	4/210/2749		3/124/1634
	5/250/3032	韋 宥	3/144/1977
韋 顗	3/139/1855		3/150/2072
	4/198/2619		4/156/2165
韋義節	5/附/3315	韋 瑜	3/148/2040
韋 翼	3/144/1970	韋元甫	3/123/1618
韋 懿	5/258/3076		3/137/1794
韋 諲	2/70/994		3/139/1847
韋 崟	1/15/294		4/157/2174
韋 隱	3/118/1570		4/195/2580
韋應物	3/125/1651	韋元珪	2/69/973
	3/139/1850	韋元禮	5/257/3073
	4/158/2200	韋元晟	5/227/2896
韋 穎	2/56/744	韋元琰	2/69/974
韋 庸	3/150/2073	韋元整	2/68/957
	3/153/2120		4/210/2743
	4/193/2553	韋元祚	1/9/228
韋友剛	3/155/2131	韋岳子(韋岳、韋嶽)	
韋友信	3/145/1992		1/51/614
	3/153/2114		2/58/787
	4/162/2261		2/64/890
韋有翼	1/4/130		2/72/1003
	1/51/630		3/129/1696
	3/135/1772		5/260/3087

韋岳子（韋嶽、韋岳）
　　　　3/101/1375
　　　　5/226/2886
韋　悅　4/162/2266
　　　　5/290/3179
韋雲起　4/200/2630
　　　　5/230/2931
　　　　5/附/3277
韋　允　2/62/865
韋　儧　3/147/2027
韋　贊　3/147/2029
韋　贊?　4/205/2694
韋　曾　3/128/1693
韋　璋　3/99/1349
　　　　3/140/1871
韋昭度　1/48/556
　　　　5/222/2859
韋昭理　3/137/1791
　　　　3/138/1818
韋趙賓　1/27/408
韋　珍　1/1/11
韋貞伯　3/128/1688
韋　禎　1/1/32
韋　震　1/50/603
　　　　2/66/943
　　　　2/66/943
韋　縝　3/138/1827
韋正貫　1/2/54
　　　　1/4/130

2/65/919
2/81/1148
2/87/1226
3/130/1722
4/196/2604
5/257/3066
韋正武　4/171/2397
　　　　5/290/3179
韋之晉　3/139/1845
　　　　3/145/1991
　　　　4/166/2328
　　　　4/167/2350
韋知藝　2/88/1231
　　　　4/189/2486
韋知貞　3/116/1562
韋知止　1/6/169
韋執中　3/153/2118
韋　陟　1/48/537
　　　　2/55/721
　　　　2/79/1089
　　　　2/80/1120
　　　　3/127/1674
　　　　3/133/1749
　　　　3/137/1792
　　　　3/139/1844
　　　　4/189/2491
韋　忠　5/231/2942
韋　宙　4/157/2187
　　　　4/171/2398

	5/257/3067
韋　諸	3/147/2037
	4/167/2358
韋　總	1/24/370

【衛】

衛伯玉	4/195/2582
衛次公	1/51/625
	3/123/1621
衛弘敏	1/54/689
	3/140/1871
衛　玠	4/189/2491
衛景溫	4/163/2286
衛　某	2/68/958
	4/160/2238
	5/附/3353
衛文卿	3/124/1637
衛文昇	2/79/1109
衛孝節	3/116/1539
衛須拔	5/附/3297
衛元經	3/131/1729
衛中行	1/3/86
	1/51/626
	3/151/2088
衛　洙	2/57/778
衛總持	3/151/2077

【魏】

魏　愍	5/235/2964

魏　鑣	4/190/2524
魏承休	3/130/1726
魏從琚	4/177/2454
魏　耽	4/162/2265
魏方回	2/74/1027
	2/76/1045
魏方進	1/1/22
	3/123/1615
魏奉古	5/222/2836
魏　曇	1/24/369
魏廣業	5/附/3336
魏　郃	3/152/2110
魏　恒	4/199/2628
魏弘簡?	4/158/2202
魏　華	3/135/1766
魏黃裳	4/211/2753
魏　晃	2/65/914
魏　靖	1/13/266
	1/18/322
	1/27/401
	2/85/1188
	3/113/1519
魏　靖(魏静)	
	1/12/257
魏克己(魏歸仁)	
	1/4/107
魏　亮	4/161/2247
魏　林	2/96/1312
魏　凌	3/104/1415

魏　陸　5/234/2958

魏　倫　2/65/910

魏　邈　1/40/472

魏　明(魏朋)
　　　3/152/2099

魏　薈　1/4/130

　　　2/84/1182

　　　4/193/2553

　　　4/204/2679

　　　5/222/2854

魏齊之　3/154/2126

魏啓心　2/61/849

魏少遊　1/1/24

　　　1/1/26

　　　1/1/28

　　　1/49/580

　　　1/51/619

　　　4/157/2176

魏少游　4/219/2804

魏叔瑜　1/12/256

　　　2/61/845

　　　2/82/1153

　　　2/86/1195

　　　2/88/1230

魏　隋　4/215/2775

魏　恬　1/53/670

魏文博　5/附/3326

魏　修(魏循)
　　　4/168/2364

魏玄同　1/5/141

魏玄同?　3/141/1899

魏　勳　3/127/1680

魏　洵(魏駒、魏詢)
　　　3/147/2021

魏義通　1/52/656

　　　1/54/700

　　　4/175/2443

魏懿文(魏皋)
　　　4/172/2402

魏元表　4/163/2275

魏元忠　1/49/567

　　　2/89/1241

　　　2/89/1243

魏　哲　1/10/239

　　　1/11/248

魏　哲(魏喆)
　　　3/148/2041

　　　4/214/2769

　　　5/237/2978

魏正見　4/156/2141

　　　5/224/2869

魏知古　2/81/1138

魏中庸　2/63/881

魏仲卿　1/18/332

魏仲犀　1/3/76

　　　4/189/2493

　　　4/195/2581

魏仲犀?　2/59/812

【溫】

溫道沖　3/126/1660
溫　璠　2/87/1226
　　　　4/163/2285
溫　璩　1/51/610
　　　　1/53/665
溫慎微　1/53/668
　　　　4/207/2719
溫釋胤　1/8/215
溫　挺　1/10/235
溫翁歸　3/149/2056
溫無隱　3/114/1527
溫　續?（溫績?）
　　　　4/216/2782
溫延賞　2/60/830
溫彥博　4/200/2630
溫　瑜　2/55/712
溫　造　1/48/549
　　　　1/52/658
　　　　4/173/2413
　　　　4/205/2702
溫　章（溫早）
　　　　4/170/2381
溫　璋　1/2/58
　　　　1/3/95
　　　　1/6/187
　　　　2/56/757
　　　　2/64/902

3/129/1705
3/145/1997
4/156/2159

【文】

文德昭（武德昭）
　　　　5/228/2909
文經野　1/3/100
文　悅　5/244/3009

【聞】

聞人嗣安（聞人遂安）
　　　　3/139/1836

【翁】

翁　郜　1/39/468
翁義恪　2/70/990

【烏】

烏薄利?　1/14/285
烏承恩　3/107/1452
烏崇福　4/204/2674
　　　　5/310/3233
烏漢貞（烏漢真）
　　　　2/76/1054
烏　角　2/78/1070
烏行專　2/71/1000
烏知洽　3/104/1415
　　　　3/109/1467

烏知義　3/121/1589

烏重儒　2/85/1190

　　　　3/153/2119

烏重胤　1/52/655

　　　　1/52/655

　　　　1/54/701

　　　　2/66/933

　　　　3/109/1469

　　　　3/109/1471

　　　　4/205/2700

【鄔】

鄔元崇　2/58/790

【吳】

吳昌嗣　3/110/1486

吳初本　4/214/2772

吳處敬　4/206/2714

吳　從　4/215/2777

　　　　5/288/3171

吳從衆　1/12/258

　　　　1/53/671

　　　　3/139/1840

　　　　3/140/1875

吳　湊　1/1/36

　　　　1/51/623

　　　　2/55/729

　　　　3/151/2084

　　　　4/210/2746

吳　丹　4/159/2227

吳黑闥　1/38/450

　　　　4/157/2169

　　　　5/241/3001

吳懷中　5/291/3189

吳　暉　3/115/1537

吳季真　5/290/3181

　　　　5/附/3306

吳　降　4/167/2360

吳　兢　3/100/1364

　　　　3/128/1685

　　　　3/131/1730

　　　　3/144/1968

　　　　4/157/2172

　　　　4/159/2218

吳敬章　3/144/1981

吳敬仲　4/217/2788

吳　迥　3/127/1680

吳居易　3/152/2106

吳令俊　1/12/261

吳　某　1/27/408

　　　　4/219/2805

吳　納　3/135/1767

吳　謙　3/143/1952

吳　讓　1/2/65

吳仁歡　2/95/1306

吳少誠　2/61/853

吳少陽　2/61/853

　　　　3/133/1750

吴　詵　3/151/2084
　　　　4/221/2817
吴師□　4/215/2774
吴師盛　5/245/3011
吴師泰　1/25/384
　　　　1/25/384
吴士矩(吴士智)
　　　　1/4/127
　　　　4/157/2184
吴世雲　4/162/2258
吴　討　3/134/1761
吴　暐　4/215/2776
吴暐潛　3/107/1454
吴文澳　2/66/925
吴武陵　4/202/2651
　　　　5/258/3079
吴希光　1/8/222
　　　　3/114/1532
吴憲忠　4/167/2354
吴行魯　4/205/2708
　　　　5/222/2857
　　　　5/229/2927
　　　　5/237/2982
吴行魯(吴行曾)
　　　　5/224/2874
　　　　5/236/2973
　　　　5/238/2990
　　　　5/239/2993
吴　修　5/257/3073

吴緒芝　1/40/473
吴　延　4/215/2777
吴元濟　2/61/854
吴元愷　4/217/2788
吴　沅　3/144/1969
吴　圓　3/148/2050
吴　量　2/83/1164
吴　璋　3/150/2075
吴仲孺　4/164/2298
　　　　4/204/2674
吴　仙　1/8/220
吴子晃　3/100/1366

【武】

武　徹　4/209/2735
武　臣　1/6/187
　　　　2/81/1149
武　充　5/262/3093
武崇節　1/15/292
武大冲　5/225/2877
武大冲(武太中)
　　　　2/72/1003
　　　　3/110/1480
　　　　3/140/1872
武　方　3/111/1489
武弘度(武懷運)
　　　　2/74/1025
武　渾　5/310/3238
武　集　5/229/2916

武君寂	5/247/3022		1/52/643
武良臣	4/204/2674		2/55/713
武令璬	1/16/305		2/59/806
武令珣	1/53/672		3/98/1327
	2/61/851	武攸歸	2/73/1015
武 某	5/附/3282	武攸寧	1/5/144
武平一	4/168/2361	武攸緒	3/123/1607
武尚賓	5/222/2833	武攸宜	1/1/11
武少儀	5/290/3176		1/4/108
武 勝	2/64/894		2/89/1243
武士逸	5/258/3074		3/123/1606
武士襲	2/61/843	武攸止	2/80/1114
	4/195/2565	武 瑜(武渝)	
	4/208/2723		3/135/1774
	5/附/3334	武元衡	5/222/2850
武嗣宗	1/6/170	武元慶	2/84/1170
	1/51/611		5/250/3029
	1/52/643	武元爽	3/127/1671
	2/68/960	武載德	3/140/1871
	2/79/1082	武 昭	2/95/1307
武惟良	5/228/2906	武重規	1/5/144
武興宗	4/169/2377		1/53/666
武懿宗	1/4/108		2/55/714
	1/49/566		2/89/1241
	1/49/566		3/114/1528
	1/49/568		
	1/52/641	**【郗】**	
	1/52/642		
	1/52/643	郗士美	1/2/40
			1/8/224

1/50/587

2/59/816

2/86/1202

4/164/2300

4/175/2441

【奚】

奚敬則　2/67/952

奚　某　3/149/2063

奚乾繹　3/132/1740

奚永芳?　3/144/1981

【席】

席　辨　1/10/234

席　辨(席辯)

　　　3/109/1463

席　相　3/153/2116

席義恭　3/144/1964

席　豫　1/53/670

【洗】

洗宗禮　5/240/2998

【憘】

憘　實　4/175/2447

【夏】

夏侯處信　4/195/2570

夏侯德昭　4/162/2258

夏侯端(夏侯審端)

　　　5/229/2912

夏侯審　2/78/1069

夏侯宋客　4/165/2313

夏侯瞳　2/64/904

夏侯銛　5/240/2996

夏侯雄　2/65/909

夏侯絢　3/147/2018

　　　4/158/2194

　　　4/173/2408

　　　4/208/2724

　　　4/221/2815

夏侯義　3/109/1476

夏侯英　1/11/248

夏侯沼(侯召)

　　　3/132/1741

夏侯孜　1/51/631

　　　2/79/1105

　　　2/80/1127

　　　3/145/1996

　　　5/222/2855

【鮮】

鮮于晁采　5/234/2960

鮮于炅　4/201/2640

　　　4/214/2770

鮮于昊　5/224/2874

鮮于匡紹　1/4/107

　　　1/33/434

蕭	蕃	5/298/3198	蕭	浚	1/9/229
蕭	做	1/51/632	蕭	溶	4/159/2228
		2/57/779	蕭	鍇	1/32/431
		3/131/1735			3/113/1517
		5/257/3067			3/131/1728
蕭	孚	4/196/2602			5/232/2946
蕭	復	1/4/120	蕭克濟		4/175/2437
		3/138/1821	蕭	諒	1/54/693
		3/148/2043	蕭	廩	1/2/60
		4/166/2330			1/2/60
		5/附/3349	蕭齡之		1/3/68
蕭	革	4/172/2403			5/257/3043
蕭公瑜		5/附/3341	蕭	俛	1/4/127
蕭	炅	1/39/463	蕭	某	2/78/1070
		1/49/575			3/141/1918
		2/62/863			3/145/1997
蕭	炅（蕭焰）				4/171/2398
		1/1/20			5/224/2874
		1/5/148			5/227/2903
蕭	洪	1/7/208			5/230/2935
		1/52/658			5/238/2985
蕭	華	2/79/1091	蕭	睦	4/163/2284
		3/98/1337			4/206/2716
		4/158/2197	蕭	鶱	3/148/2049
蕭	澣	1/53/679	蕭	欽	3/102/1382
		5/230/2937	蕭	芮	4/162/2271
蕭	籍	4/189/2490	蕭	銳	2/84/1170
蕭	建	4/175/2438			3/106/1431
蕭	晉	2/84/1178	蕭善義		5/238/2991

蕭　繕　3/146/2001
　　　　4/170/2380
　　　　4/171/2390
　　　　4/211/2751
蕭　甡　5/232/2949
蕭　甡（蕭侁）
　　　　4/174/2429
蕭釋庸　5/附/3320
蕭守業　3/101/1375
蕭　淑　1/54/696
蕭　恕　2/58/791
　　　　2/84/1177
蕭　說　3/138/1811
蕭嗣德　1/21/349
　　　　3/151/2078
蕭嗣業　1/25/372
蕭　嵩　1/39/462
　　　　2/56/747
　　　　2/76/1046
蕭　嵩？　4/205/2691
蕭希諒　4/175/2437
蕭　峴　3/140/1891
蕭　憲　2/63/875
蕭　昕　1/1/29
蕭　諲　4/164/2295
蕭　璿　1/1/16
　　　　1/48/530
　　　　5/257/3047
蕭　鉉　4/213/2762

蕭　業（蕭鄴）
　　　　3/101/1372
蕭　鄴　2/90/1268
　　　　4/167/2357
　　　　4/195/2591
　　　　4/205/2707
　　　　5/222/2856
蕭　顗　2/72/1002
　　　　2/84/1168
蕭　誼　3/139/1843
蕭　祐　2/58/798
蕭　祐（蕭祜）
　　　　5/224/2873
蕭　祐（蕭祜、蕭裕）
　　　　5/275/3141
蕭　瑀　1/1/3
　　　　1/5/138
　　　　1/48/525
　　　　2/81/1134
　　　　4/204/2668
蕭　遇　5/附/3346
蕭元禮　3/100/1359
蕭　璦　2/81/1139
蕭　曾　4/204/2677
蕭　直　2/64/894
蕭執珪　2/94/1300
蕭至忠　2/59/808
　　　　2/79/1084
　　　　2/81/1138

蕭　眞　3/137/1803
蕭仲豫　2/80/1118
蕭宗道　1/9/230

【解】

解　琬　1/4/111
　　　　1/47/515
　　　　2/81/1138
　　　　3/109/1465

【謝】

謝承恩　5/244/3010
謝　雕　5/291/3189
謝法成　5/附/3367
謝　觀　2/82/1157
謝光庭　3/151/2079
謝良弼　4/162/2263
謝良輔　4/204/2675
謝　某　5/238/2986
謝少莒　5/232/2948
謝叔方　1/44/494
　　　　1/45/498
　　　　4/157/2168
　　　　5/257/3042
謝　瞳　2/63/883
　　　　4/210/2748
謝　瞳（謝瞳）
　　　　5/232/2949
謝希圖　3/101/1379

謝　禧　3/147/2020
　　　　4/162/2259
謝　祐　4/175/2436
謝元超　5/附/3337
謝元治　3/152/2097
謝　肇　4/161/2255
　　　　5/258/3080
　　　　5/300/3213
　　　　5/310/3243

【辛】

辛巢父　2/69/978
　　　　4/212/2760
　　　　4/217/2792
辛崇階　4/176/2450
辛　讜　2/63/882
　　　　2/65/921
　　　　2/68/966
　　　　5/290/3184
辛德本　2/76/1040
　　　　3/134/1755
辛德謙　1/10/240
辛奉國　1/22/357
辛　肱　2/77/1064
辛　晦　3/130/1724
辛京杲　4/166/2329
辛君昌　3/98/1324
　　　　3/137/1783
　　　　5/237/2976

辛　祕　1/50/588
　　　　1/54/700
　　　　2/86/1202
　　　　3/138/1825
　　　　3/140/1884
　　　　4/207/2721
辛　某　1/51/636
　　　　4/210/2748
辛思禮　4/172/2406
辛文粲　4/206/2712
辛文陵　1/49/564
　　　　2/89/1240
辛偓武　3/104/1408
辛怡諫　3/130/1712
辛義同　4/190/2513
辛雲晃　2/91/1280
辛雲京　2/90/1256
　　　　2/91/1279
辛子言　3/151/2080
　　　　5/310/3231
辛子言?　3/142/1930

【信】

信都承慶（信都崇敬）
　　　　2/76/1051

【邢】

邢曹俊　3/102/1390
邢　册　5/228/2909

邢　澸（邢楚）
　　　　3/100/1367
邢　濟　1/10/240
　　　　5/275/3134
邢　濟（邢招濟）
　　　　3/144/1973
邢君牙　1/5/155
邢　某　1/6/190
邢　群　3/148/2047
　　　　3/149/2064
邢善益　2/92/1293
邢善益（邢行恭）
　　　　3/104/1420
邢思孝　1/22/356
　　　　4/174/2430
邢文偉　4/184/2472

【熊】

熊　博　3/152/2110

【徐】

徐　鄯　3/132/1742
徐寶承　4/163/2279
徐　瑒　4/216/2783
徐　登　3/126/1667
徐　放　3/144/1975
　　　　3/146/2011
徐　蓋　5/232/2945
徐　耕　5/226/2890

徐公鈇　5/225/2883

徐公佐　4/163/2287

徐　宮　2/67/954

徐歸道　3/121/1591

徐歸範　3/152/2110

徐　浩　3/129/1700

　　　　4/189/2492

　　　　5/257/3056

徐　顥　4/167/2358

徐懷玉　2/70/994

　　　　2/73/1023

徐　煥　3/132/1743

徐璜玉　3/102/1389

徐　晦　1/4/127

　　　　2/81/1147

　　　　3/151/2088

徐　濟?　3/104/1417

徐　堅　2/80/1116

　　　　3/111/1490

　　　　3/131/1729

　　　　3/146/2003

　　　　4/171/2391

徐　嶠　3/137/1791

　　　　3/151/2080

徐嶠之　2/61/849

　　　　3/104/1413

　　　　3/105/1425

　　　　3/140/1874

　　　　3/146/2003

　　　　4/162/2260

徐敬業(李敬業)

　　　　3/123/1605

　　　　5/226/2886

徐　毅(徐蛟)

　　　　1/13/268

徐　俊　5/290/3179

　　　　5/300/3210

徐　康　2/63/884

徐令言　3/147/2017

徐履道　4/170/2382

徐孟嘗　3/100/1362

　　　　3/135/1766

　　　　3/142/1929

徐　某　1/15/296

　　　　3/146/2001

徐迺文　3/101/1379

徐欽識　1/46/509

徐仁軌　5/280/3159

徐　商　2/79/1103

　　　　4/189/2506

　　　　4/195/2592

徐　申　4/157/2178

　　　　4/218/2799

　　　　5/257/3060

　　　　5/258/3077

　　　　5/290/3177

徐　申(徐伸)

　　　　5/附/3326

徐師順　1/24/366

徐希仁　4/165/2317

徐　現　2/85/1190

徐　湘　3/130/1712

徐　向　1/53/674

　　　　2/56/752

　　　　2/60/835

　　　　2/62/864

　　　　3/146/2006

　　　　4/158/2198

徐孝德　2/70/987

　　　　4/217/2787

徐　昕？1/49/568

徐・琇（徐秀）

　　　　3/107/1452

徐玄之　3/140/1874

徐彦伯　2/73/1015

　　　　2/79/1083

　　　　3/101/1374

徐彦若　1/5/167

　　　　4/205/2709

　　　　5/257/3071

徐　毅　4/192/2536

徐　瑩　3/103/1395

　　　　3/140/1870

　　　　3/149/2054

徐　玉　2/81/1135

徐　裕　3/144/1975

徐元弼　3/141/1917

徐元貴　5/314/3249

徐圓朗　2/69/969

徐　約　3/139/1864

徐　憚　2/55/721

　　　　2/78/1069

　　　　3/140/1875

　　　　4/157/2173

徐　縝　4/173/2411

徐正則　5/226/2885

徐知人　5/224/2871

徐知仁　1/3/72

　　　　3/146/2002

徐　莊　1/21/348

徐　�　2/65/920

　　　　2/73/1021

　　　　2/74/1031

　　　　3/143/1958

　　　　3/149/2064

【許】

許　籌　2/77/1064

許道坤？　4/200/2630

許德勳　4/165/2320

許輔德　1/38/451

許輔乾　3/153/2111

　　　　4/163/2277

許　觀　5/250/3030

許　炅　3/151/2081

許　渾　3/147/2035

	4/193/2554	許欽寂?	4/200/2631
許季常	1/1/33	許欽明	1/39/458
許季同	1/3/86		1/46/504
	4/156/2153	許　勐	3/125/1655
	4/209/2737		3/129/1707
許　稷	4/167/2357	許　融	3/151/2080
許戒惑（許咸感）		許善護	3/102/1381
	3/152/2100	許韶伯	3/139/1841
許誠言	2/70/991	許　紹	4/198/2615
許景先	1/5/147	許　詵	4/199/2625
	2/58/789	許世緒	1/42/479
許敬宗	1/53/665		2/61/843
許　珂	2/60/839		4/164/2291
	3/147/2036	許叔冀	2/55/725
許　摳	5/246/3016		2/57/767
	5/250/3030		2/57/767
許力士	1/49/563		2/76/1049
許臨謙	2/68/963	許　樞	2/65/910
許孟容	1/2/41	許文寶	2/80/1110
	1/48/545	許文寶（許太寶）	
	1/50/588		3/102/1381
	3/127/1676	許　峴	4/163/2282
許鳴謙	4/160/2237	許孝常	2/63/879
許　某	1/11/252	許　嶧	3/137/1793
	3/107/1445	許圉師	3/100/1357
許齊物	5/246/3018		4/161/2245
許欽淡（許欽澹）		許　遠	2/56/751
	3/108/1457	許志雍	4/194/2561
	3/121/1588	許智仁	1/39/455

　　　　　1/52/639

　　　　　4/198/2615

　　　　　5/附/3359

許仲容　4/190/2519

許仲興(許叔載)

　　　　　4/193/2551

許子端　4/165/2314

許子良　4/170/2385

許子餘　3/130/1717

許自正　2/87/1217

【宣】

宣　晟(家晟)

　　　　　5/275/3148

【薛】

薛　嶼　3/106/1437

薛　繒　3/126/1661

　　　　　3/129/1698

薛　乂　3/150/2071

薛　褒　3/135/1772

　　　　　3/140/1889

薛　寶　2/60/836

薛寶積　2/73/1013

　　　　　2/75/1035

　　　　　3/123/1605

　　　　　3/137/1786

薛寶胤　1/6/169

薛　弼　2/57/766

薛　弁　4/158/2199

薛　抃　3/148/2045

薛　播　1/49/583

　　　　　1/54/696

　　　　　2/81/1143

　　　　　3/153/2114

薛伯高　4/174/2423

薛伯連　1/49/578

　　　　　2/90/1272

薛伯琳　5/253/3035

薛　岑　1/16/303

薛昌朝　3/110/1484

薛昌期　2/88/1231

薛昌族　1/11/249

　　　　　2/60/839

薛常翩　3/103/1401

　　　　　3/108/1460

薛　崇　2/66/940

薛楚玉　3/116/1549

　　　　　3/121/1589

薛　純　1/27/400

薛　從　2/67/953

　　　　　2/84/1182

薛　淙　1/8/226

　　　　　4/190/2523

薛大鼎　2/65/909

　　　　　3/102/1383

　　　　　3/109/1463

　　　　　4/195/2567

5/附/3358

薛　丹　3/129/1703

薛　耽　5/229/2926

薛　璠　3/101/1379

薛德充　3/100/1356

薛　登（薛謙光）

　　　1/48/530

　　　1/5/144

　　　3/138/1813

薛　範　4/198/2615

薛　放　4/157/2183

薛　逢　4/214/2772

　　　4/215/2777

　　　5/227/2903

薛　福　3/135/1767

薛　幹　3/104/1416

薛高邱　5/234/2959

薛公兌　3/152/2100

薛公幹　2/65/918

　　　4/197/2613

薛孤知福　1/18/321

薛孤知素　5/275/3129

薛　瓘　4/197/2608

薛　光　5/227/2895

薛　環　1/9/229

薛　沆　3/129/1706

薛弘宗　1/6/187

　　　4/190/2524

薛　絃　1/3/73

薛　懷讓　1/52/640

薛懷昱　2/80/1111

　　　3/101/1370

　　　4/159/2214

薛　渙　1/24/370

薛　晃　4/190/2525

薛　繪　2/71/998

　　　4/203/2658

　　　5/227/2896

薛季昶　1/1/12

　　　1/49/568

　　　1/51/611

　　　3/98/1329

　　　3/112/1501

　　　4/195/2572

　　　5/275/3129

薛　記　2/80/1132

薛兼金　2/79/1088

薛兼訓　2/90/1256

　　　3/142/1935

薛　堅　3/104/1416

薛　堅?　3/103/1399

薛　謇　2/65/917

　　　3/151/2087

薛江童　2/55/721

薛景晦（薛伯高）

　　　4/170/2386

薛景仙　1/5/150

2/79/1088

	1/5/151		薛 訥	5/277/3153
薛景元	2/67/950			5/附/3345
薛 儆	1/5/145		薛 訥	1/16/303
	2/66/926			2/89/1245
	2/87/1218			3/116/1545
	4/190/2515			3/122/1594
	4/190/2516		薛 能	1/2/58
薛敬德	4/217/2787			1/4/132
薛敬仁	4/216/2779			2/59/823
	4/220/2807			2/64/904
薛 據	3/143/1949			2/64/905
薛 珏	1/1/35			4/158/2209
	1/48/541			5/236/2974
	1/49/583		薛 凝	3/153/2121
	2/55/728		薛 佽	1/7/205
	2/60/835		薛 平	1/54/699
	3/124/1635			2/57/771
	4/198/2618			2/57/772
	5/257/3059			2/76/1052
薛 鈞	4/210/2747			2/79/1099
薛 俊	2/82/1153			5/附/3322
薛 逵	1/15/297		薛 苹	2/58/795
	1/27/405			3/137/1798
薛 夔	3/147/2038			3/142/1938
薛 朗	3/137/1806			4/166/2334
薛 某	1/51/618		薛奇童	2/82/1155
	3/145/1991		薛 杞	1/2/61
	3/149/2063		薛 洽	3/104/1416
	4/161/2256		薛仁方	4/165/2310

薛仁貴	2/91/1276		薛　通	3/139/1836
	3/122/1592		薛　綰	2/64/903
薛　戎	3/138/1826		薛萬徹	1/11/245
	3/140/1885			2/79/1078
	3/142/1939			2/91/1275
	3/146/2011			3/141/1899
	3/153/2117		薛萬淑	3/121/1583
薛　融	2/74/1028		薛　位	4/165/2319
	3/102/1388		薛文度	2/68/958
	4/191/2529		薛　涍	3/145/1999
	4/204/2671		薛務寬	3/125/1652
薛上童	1/29/415		薛希莊	4/160/2233
薛士通	3/151/2076		薛遐翼	5/295/3194
	5/附/3338		薛　顯	2/81/1151
薛世良	2/80/1111		薛　獻	1/15/289
薛壽弘	4/218/2801			3/112/1498
薛　舒	4/175/2438			3/151/2078
	4/177/2454			5/233/2951
	4/180/2464		薛獻童	1/4/116
	4/182/2469		薛象之	2/80/1114
	4/220/2809		薛　雄	3/101/1377
薛思貞	2/66/925		薛脩襜	4/214/2769
薛　嵩	3/100/1365		薛　頊	4/215/2776
薛　泰	3/122/1594		薛玄嘉	4/207/2719
薛　坦	1/32/432		薛　璿	1/15/292
	2/92/1290		薛　嶼（薛嶕）	
薛廷望（薛庭望）				3/100/1365
	2/58/801		薛　延	4/202/2650
	4/173/2415		薛　銚	4/202/2647

薛　揖　3/100/1367

薛　顗　2/75/1036

薛易知　2/82/1156

薛　翼　4/191/2530

薛　膺　3/145/1996

薛　瑩　3/103/1397

　　　　3/141/1902

　　　　3/147/2022

薛　邕　3/148/2043

　　　　4/156/2148

薛用弱　3/132/1741

薛　愉　2/64/895

薛　羽　1/6/173

薛　玉　4/195/2574

薛　昱　3/153/2113

薛元超　4/159/2215

薛元超(薛振)

　　　　5/235/2963

薛元龜　1/2/53

薛元朋　5/325/3264

薛元賞　1/2/51

　　　　1/2/53

　　　　2/64/900

　　　　2/66/935

　　　　2/86/1204

　　　　4/202/2652

　　　　5/223/2865

薛元嗣　1/5/143

　　　　1/49/566

　　　　3/102/1383

薛元宗　2/58/786

薛　愿　2/59/812

　　　　2/61/851

薛　愿?　2/60/834

薛　薀　3/143/1956

　　　　3/147/2033

薛　擇　3/100/1366

薛　昭　2/87/1228

　　　　5/231/2944

薛昭緯　4/177/2455

　　　　5/285/3165

薛鄭賓　2/67/949

　　　　3/111/1491

薛知籌　1/15/298

薛　直　1/17/316

　　　　1/24/370

薛志勤　2/86/1211

　　　　2/93/1297

　　　　2/97/1319

薛仲玉　5/附/3280

薛自勉　3/141/1906

薛自勸　1/13/267

　　　　2/66/927

【延】

延　勞　1/10/241

【閻】

閻　寶　1/53/684

閻　朝　3/104/1420

　　　　　4/192/2545

　　　　　5/附/3309

閻伯瑃　3/145/1992

　　　　　4/163/2280

閻伯瑃?　4/160/2236

閻　宷　1/54/697

　　　　　3/133/1750

　　　　　4/162/2263

　　　　　4/174/2424

閻　朝　1/43/490

閻好問　3/114/1534

　　　　　3/115/1537

　　　　　3/117/1567

閻濟美　1/3/82

　　　　　3/142/1938

　　　　　3/145/1994

　　　　　3/151/2086

閻敬受(閻欽愛)

　　　　　3/147/2026

閻敬之　3/137/1792

閻巨源　1/6/179

　　　　　1/24/370

　　　　　1/25/378

閻立德　3/99/1346

閻　某　1/42/483

　　　　　4/157/2169

閻虔福　1/24/368

閻虔福(閻敬客)

閻　　　3/118/1570

　　　　　4/178/2457

閻　涉(閻陟?)

　　　　　4/190/2520

閻叔子　1/4/109

閻溫古　1/46/504

閻武蓋　1/48/525

閻玄邃　2/87/1217

閻玄秀　1/5/147

閻知言　3/140/1875

　　　　　3/149/2056

閻　佐　2/72/1009

【顏】

顏　標　4/159/2229

顏從覽　3/144/1979

顏　防　1/4/124

　　　　　3/138/1824

　　　　　3/140/1884

　　　　　4/174/2425

　　　　　4/216/2784

顏杲卿　3/106/1436

顏　潁　3/124/1637

顏　措(顏揩)

　　　　　2/72/1007

顏謀道　3/126/1660

　　　　　4/221/2816

顏　某　3/150/2073

顏慶復　5/229/2927

顏趨庭　4/162/2259

顏　羲　4/218/2801

顏師古　4/168/2361

顏希莊　3/126/1669

顏遐福　4/163/2286

顏　諲　5/299/3201

顏　顥（顏禺）

　　　　3/144/1978

顏遊秦　2/66/924

　　　　5/附/3325

顏有意　3/136/1775

顏元孫　1/3/73

　　　　2/70/990

　　　　3/125/1648

　　　　3/127/1672

顏真卿　1/4/117

　　　　2/79/1089

　　　　3/110/1482

　　　　3/140/1879

　　　　4/159/2220

　　　　4/160/2236

　　　　4/195/2582

　　　　4/208/2727

　　　　5/附/3335

顏　振　1/53/665

　　　　4/190/2513

顏　証　5/275/3138

顏中和　4/220/2809

【嚴】

嚴　德　3/144/1962

嚴公弼　3/136/1780

　　　　4/192/2543

嚴公衡　3/126/1666

嚴公覎　3/152/2105

嚴公素　5/300/3210

　　　　5/300/3211

嚴　堅　4/211/2753

　　　　4/215/2776

嚴　謇　3/124/1639

　　　　5/275/3142

嚴　礪　4/205/2698

　　　　4/207/2720

　　　　5/229/2920

嚴　謨　4/175/2443

　　　　4/204/2677

嚴　暮　5/275/3140

嚴　某　1/53/685

　　　　3/149/2063

　　　　4/165/2318

　　　　4/215/2775

　　　　5/229/2926

　　　　5/230/2934

嚴　祁　4/168/2368

嚴善思　1/54/689

嚴　倪　5/238/2987

嚴師本　5/239/2993

嚴士良　3/145/1993
　　　　4/158/2200
嚴士元　4/168/2364
　　　　4/169/2373
嚴士則　3/152/2108
嚴　綬　2/90/1259
　　　　4/189/2500
　　　　4/195/2586
嚴　況（嚴説）
　　　　1/4/122
嚴損之　2/89/1252
　　　　3/106/1436
　　　　3/109/1466
　　　　3/113/1521
　　　　3/132/1740
　　　　3/137/1792
　　　　3/141/1906
嚴挺之　2/55/718
　　　　2/67/948
　　　　2/78/1068
　　　　2/80/1119
　　　　3/98/1334
　　　　3/104/1413
嚴　武　1/1/27
　　　　1/49/579
　　　　4/214/2769
　　　　5/222/2846
　　　　5/222/2847
　　　　5/227/2898

嚴　向　1/5/151
　　　　2/85/1189
嚴　協　2/81/1146
嚴　協（嚴君協）
　　　　1/34/436
嚴休復　1/3/89
　　　　1/50/592
　　　　2/76/1053
　　　　3/141/1914
嚴修睦　3/144/1980
嚴　郢　1/1/32
　　　　1/49/582
　　　　4/181/2466
　　　　5/317/3253
嚴　哲　5/228/2906
嚴　震　4/205/2697
　　　　4/206/2715
　　　　4/218/2798
　　　　4/220/2810
嚴正誨（嚴正晦）
　　　　3/102/1387
嚴　撰　3/147/2017
嚴　譔　4/157/2188
　　　　5/275/3146
嚴　纂　2/73/1019

【演】

演上人叔　4/160/2244

【燕】

燕敬嗣　2/66/925
　　　　4/164/2292
燕　詢　2/83/1159
燕重旰　1/22/359

【羊】

羊　某　4/168/2368
羊士諤　3/147/2030
　　　　4/209/2737
　　　　4/214/2771
　　　　5/233/2955
羊　僎（楊僎）
　　　　3/143/1960

【陽】

陽　城　4/170/2385
陽大經　1/8/216
陽德融　5/附/3331
陽　瑨　5/225/2883
陽　瑨（楊瑨）
　　　　5/附/3364
陽惠元　3/102/1390
陽　濟　2/71/999
　　　　4/166/2328
　　　　4/167/2351
陽　嶠　1/13/266
　　　　2/69/973

　　　　3/98/1330
　　　　4/195/2574
陽　嶠（楊嶠）
　　　　3/98/1330
陽　履（楊履）
　　　　4/171/2394
陽　旻　3/103/1400
　　　　3/113/1523
　　　　4/192/2542
　　　　5/300/3210
陽　旻（楊旻）
　　　　4/191/2532
陽欽明　1/16/304
陽文瓘　2/76/1040

【揚】

揚　援　4/214/2770

【楊】

楊　安　2/75/1034
楊安居　5/245/3012
楊寶應　1/3/69
楊　磻　4/191/2534
楊　瑒　1/3/72
楊朝晟　1/6/178
楊成器　4/221/2818
楊承恩　3/130/1717
楊承衮　3/153/2111
楊承令　2/84/1175

	3/147/2023
楊承仙	1/52/649
	3/128/1683
楊承先	4/163/2274
楊承緒	4/190/2513
楊持璧	3/139/1845
楊崇敬	3/138/1812
楊　楚?	5/附/3328
楊楚客	1/47/517
楊　琮	1/17/313
	2/80/1113
	3/136/1775
楊　焠	3/135/1771
楊　戴	4/157/2189
	4/191/2534
楊德幹	2/55/713
	2/73/1014
	2/87/1216
	3/100/1358
楊德裔	2/68/958
	3/106/1432
	3/111/1488
	3/138/1813
楊　發	3/139/1861
	3/145/1997
	3/151/2092
	5/257/3066
楊　範	3/124/1643
楊　福	2/79/1076

楊　綱	5/308/3224
楊恭仁	1/1/4
	1/39/453
	1/49/559
	3/123/1600
楊光翽	1/29/415
	2/89/1253
楊光翼	5/附/3339
楊歸厚	1/53/679
	2/58/798
	3/130/1720
	4/191/2533
	4/201/2642
	4/214/2772
楊　炅	5/230/2936
楊國忠	1/1/21
*楊國忠	4/205/2694
	5/222/2844
楊漢公	1/4/131
	2/55/738
	2/63/880
	2/66/938
	3/128/1690
	3/139/1859
	3/140/1888
	3/142/1942
	4/195/2590
	5/275/3143
楊弘禮	1/13/264

1/24/367

楊　懽　1/51/607

2/76/1041

楊　回　5/230/2934

楊　慧（楊惠）

3/141/1908

楊　慧（楊蕙、楊惠）

3/140/1877

楊嘉賓　2/81/1137

楊　假　3/138/1829

楊　瑊　5/258/3075

楊　諫　4/165/2314

楊　鑑　3/140/1876

楊景復　1/4/131

楊　憼　3/135/1767

楊　倞　2/84/1183

楊敬述　1/39/461

楊敬之　1/4/130

2/58/799

2/61/857

4/169/2376

楊敬之？　2/87/1225

楊九思　1/7/200

楊　矩　1/31/423

楊　峻　3/114/1526

楊　潊　4/182/2469

楊　愷　5/227/2897

楊　堪　5/238/2991

楊　戡　5/233/2957

楊勵本　5/225/2879

楊　廉　1/5/145

楊　亮　4/190/2514

楊林甫　2/80/1111

3/121/1582

楊令本　2/70/987

4/203/2655

楊令珪　5/223/2862

楊令深　4/200/2631

4/204/2670

5/223/2862

楊令深（楊令琛）

2/67/947

3/137/1788

楊隆禮（楊崇禮）

1/49/569

1/52/644

2/57/763

2/84/1174

4/205/2690

楊　略（楊世略）

5/259/3082

楊茂謙　3/98/1331

5/257/3048

5/275/3131

楊茂實　3/139/1863

楊茂實（楊行遷）

4/216/2785

楊　冕　4/220/2810

楊　忞	5/236/2974	楊榮國	3/108/1459
楊　敏	5/310/3231	楊如權	1/42/482
楊　某	2/90/1271	楊汝士	1/4/128
	2/94/1302		5/229/2923
	3/101/1378	楊紹基	5/附/3317
	3/130/1724	楊　涉	5/233/2953
	5/229/2917	楊慎交	2/60/831
	5/244/3009		4/189/2487
楊　寧	1/53/676		4/190/2515
楊　凝	2/63/879		4/214/2768
楊　屏	5/257/3073	楊慎交（楊眘交）	
楊　憑	1/2/41		2/63/874
	4/157/2180	楊慎矜	1/51/617
	4/166/2333	楊慎微	1/4/118
楊齊曾	4/217/2790		1/27/403
楊乾光	1/9/232	楊慎微（楊眘微）	
	5/244/3009		5/257/3056
	5/248/3025	楊　晟	4/206/2717
楊　潛	2/84/1181		5/224/2875
	4/209/2737	楊　師	1/32/431
楊　清	5/326/3265		2/82/1152
楊　清（楊湛清）		楊師道	1/18/317
	5/317/3254		1/18/318
楊　慶	5/附/3274		5/附/3284
	5/附/3299	楊師厚	2/64/907
楊慶復	5/240/2998		2/68/968
楊全玫	3/109/1474		2/73/1022
楊權古	4/195/2594		2/87/1228
楊日休	4/209/2735		4/189/2510

楊師立　5/229/2928

楊師謨　4/218/2801

楊師謀　4/213/2761

楊師遠　4/167/2359

楊　收　4/156/2160

楊守厚(楊守寬、常厚)

　　　　5/227/2904

楊守亮　4/203/2664

　　　　4/205/2709

楊守訥　2/84/1171

楊守柔　4/190/2513

楊守信　4/204/2681

楊守業　2/95/1307

楊守挹　1/5/143

楊守愚　1/1/11

　　　　2/70/988

楊守貞　5/250/3031

楊守忠　4/209/2739

楊守宗　2/59/824

　　　　4/203/2664

楊　授　1/50/602

　　　　4/163/2286

楊　鈇　1/52/651

楊　思　4/221/2815

楊思景　2/58/786

楊思禮　4/165/2310

楊思立　2/83/1165

楊思訥　4/206/2712

楊思齊　3/114/1532

楊思玄　5/277/3153

楊思愿　5/258/3080

楊思止　2/86/1195

　　　　3/110/1479

楊嗣復　4/158/2206

　　　　4/166/2338

　　　　5/222/2853

　　　　5/229/2922

　　　　5/260/3090

楊　損　1/2/59

　　　　1/2/60

　　　　1/51/633

　　　　2/66/941

　　　　2/76/1057

　　　　2/80/1129

楊　譚　5/257/3055

　　　　5/275/3134

楊　滔　1/4/112

楊庭璀　5/246/3018

楊同遜　4/190/2520

楊萬石　2/63/877

楊　蔚　4/209/2741

楊魏成　3/125/1647

楊　文　1/3/70

楊文幹　1/12/253

楊　渥　3/123/1629

　　　　4/156/2164

*楊　渥　4/157/2191

楊務廉　5/232/2947

楊務欽　1/51/619

楊襲古　1/47/521

楊　先　1/48/533

楊　獻　2/61/850

楊孝仁　1/54/688

　　　　2/75/1035

楊孝直　3/107/1454

　　　　3/108/1460

楊行矩　3/141/1897

楊行矩（楊行規）

　　　　2/61/842

楊行密　3/123/1628

　　　　3/123/1628

　　　　4/156/2163

楊行密（楊行愍）

　　　　3/129/1707

楊行模　5/附/3304

楊休明　1/43/489

　　　　1/47/520

楊虛受　4/157/2171

楊　頊　2/67/951

楊　頊（楊昱）

　　　　3/140/1881

　　　　5/223/2864

楊　續　2/66/924

楊玄節　3/137/1785

　　　　3/142/1927

楊　恂　3/138/1831

楊延宗　5/附/3323

楊言成　4/204/2669

楊　炎　5/300/3203

楊　嚴　3/142/1945

　　　　4/172/2405

　　　　5/258/3080

楊貽德　4/170/2387

　　　　4/171/2399

楊　翌　3/144/1967

楊　譚　3/104/1420

　　　　4/165/2310

楊胤直　2/77/1063

楊　顒　1/41/478

楊　猷　1/34/439

楊於陵　1/2/40

　　　　1/3/81

　　　　1/48/547

　　　　2/80/1123

　　　　3/142/1937

　　　　4/168/2366

　　　　5/257/3060

楊虞卿　1/2/49

　　　　3/138/1827

楊　瑀　4/211/2753

楊　嶼　5/304/3220

楊　預　1/39/467

　　　　1/42/483

　　　　1/47/520

楊　譽　2/82/1152

　　　　2/84/1169

楊元寏　4/156/2166

楊元亨　3/147/2020

楊元亨？　2/73/1016

楊元卿　1/13/274

　　　　1/52/657

　　　　2/55/733

　　　　2/61/855

　　　　2/84/1181

楊元孫　2/62/867

楊元禧　2/73/1016

　　　　3/102/1384

　　　　3/144/1968

　　　　5/233/2953

楊元咸　3/135/1765

楊元琰　1/39/458

　　　　2/59/807

　　　　2/79/1081

　　　　2/81/1136

　　　　3/98/1327

　　　　3/131/1728

　　　　4/156/2141

　　　　4/195/2571

　　　　4/205/2690

楊元禕　2/65/911

　　　　4/156/2142

　　　　4/159/2217

　　　　4/218/2797

楊元裕　3/99/1349

楊　愿　1/54/693

楊　約　5/附/3328

楊　越　3/98/1326

　　　　3/107/1446

楊再思　1/1/12

　　　　1/48/526

　　　　3/123/1608

楊　珍　1/40/472

楊　鎮　1/13/281

楊正言　2/60/829

楊政義　3/112/1506

楊知古　3/151/2081

楊知亮　4/213/2762

楊知退　2/63/883

楊知温　1/50/600

　　　　1/51/632

　　　　4/189/2508

　　　　4/195/2594

楊知遠　2/80/1129

楊知至　1/2/59

　　　　3/138/1830

楊祇本　1/51/612

　　　　3/142/1929

楊執一　1/7/198

　　　　1/14/285

　　　　1/24/368

　　　　1/27/401

　　　　1/39/460

　　　　2/59/809

　　　　2/81/1137

　　　　　2/84/1174

　　　　　2/85/1188

　　　　　3/138/1814

　　　　　5/228/2907

楊　　至　2/76/1052

楊　　志　3/139/1842

楊志本　3/111/1489

　　　　　3/131/1728

　　　　　4/166/2324

楊志誠　1/3/69

　　　　　3/116/1557

楊志烈　1/39/467

楊仲達　2/61/842

楊仲敏　4/168/2363

楊仲嗣　2/71/999

楊　　濯　4/192/2539

楊子琳　4/198/2617

　　　　　5/240/2997

楊子琳（楊猷）

　　　　　4/174/2423

楊　　纂　1/1/5

　　　　　1/1/6

【姚】

姚昌潤　4/156/2143

姚成節　1/28/412

姚　　崇　2/56/746

　　　　　2/64/890

　　　　　2/86/1196

　　　　　3/133/1748

　　　　　3/138/1814

　　　　　4/195/2573

姚　　崇（姚元之）

　　　　　1/4/110

　　　　　2/59/808

　　　　　2/63/874

　　　　　3/123/1610

　　　　　3/142/1928

姚　　憺　4/190/2519

姚　　感　2/60/828

　　　　　2/61/845

姚　　恭　1/28/411

姚　　鵠　3/144/1982

姚　　琯　2/77/1065

姚　　合　1/51/628

　　　　　3/141/1916

　　　　　4/203/2663

姚弘慶　3/139/1859

姚　　驥　5/附/3343

姚　　簡　4/196/2600

姚克柔　4/206/2716

　　　　　4/208/2730

姚　　況　1/13/271

姚　　良　5/231/2941

姚令言　1/13/270

姚　　泌　2/93/1296

姚明勳　1/51/621

　　　　　4/204/2675

姚　某　2/59/810
　　　　3/152/2109
　　　　4/189/2490
　　　　4/204/2670
姚南仲　1/4/122
　　　　1/51/623
　　　　2/57/770
姚齊梧　1/48/557
　　　　2/80/1123
　　　　2/81/1145
姚　欽　5/附/3341
姚仁訪　3/152/2099
姚　汭　2/77/1066
姚慎盈　3/130/1711
姚　奭　2/62/864
姚　璹　3/112/1500
　　　　5/222/2832
　　　　5/257/3045
姚思禮　3/153/2113
姚　珽　1/4/107
　　　　1/27/400
　　　　2/55/714
　　　　3/109/1464
姚　珽(姚班)
　　　　1/6/170
　　　　2/58/786
　　　　3/112/1500
姚　勖　3/138/1829
　　　　3/140/1889

姚　弇　3/124/1633
　　　　3/149/2055
姚彦章　5/293/3192
　　　　5/300/3215
姚　彝　2/72/1005
　　　　4/190/2514
姚　异　1/8/219
姚　弈　2/56/750
　　　　3/125/1649
姚　懿(姚善意)
　　　　4/198/2616
　　　　5/246/3015
姚　駰(姚絪)
　　　　3/140/1884
　　　　3/149/2061
姚　闓　2/66/928
姚元景　4/166/2325
姚中立　4/173/2414
姚卓文(姚卓)
　　　　5/228/2910

【要】

要廷珍　2/81/1143

【藥】

藥子昂　1/12/259

【野】

野詩良輔　1/15/295

【葉】

葉廣略　5/290/3186
葉　顥　3/152/2097
葉　某　4/187/2476

【伊】

伊　廣　2/84/1184
　　　　2/93/1297
伊　慎　3/131/1732
　　　　3/135/1769
伊　宥　3/135/1769

【乙】

乙弗武　4/203/2655
乙速孤行儼　3/151/2079
　　　　　4/171/2391
　　　　　4/175/2436
　　　　　4/200/2631
　　　　　4/201/2639
　　　　　5/257/3045

【殷】

殷　彪　3/133/1751
　　　　3/143/1954
　　　　4/203/2662
殷恭邃　3/128/1682
殷　祐　1/53/678
　　　　3/129/1704

殷　祐（商祐）
　　　　4/157/2182
殷　亮　3/141/1910
殷　某　4/196/2603
殷　某?　3/138/1820
殷日用　3/139/1845
　　　　3/142/1934
　　　　3/146/2006
　　　　4/156/2147
殷僧辨　3/143/1959
殷　儼　3/151/2091
殷　永　4/168/2365
殷　侑　2/59/818
　　　　2/66/934
　　　　2/66/934
　　　　3/109/1472
　　　　4/157/2183
　　　　4/189/2504
　　　　5/275/3140
殷元嗣　5/248/3024
殷仲卿　2/71/999
　　　　2/74/1029
　　　　2/76/1049
　　　　4/204/2674
殷仲容　3/133/1748

【陰】

陰承本　1/31/426
陰　崇　3/139/1841

陰仁協 1/35/442

陰嗣業 1/35/443

陰嗣璋 1/42/481

陰 儼 3/153/2112

【尹】

尹處賓 2/70/994

尹 某 3/123/1608

尹日昇 1/53/670

尹 勢 5/236/2968

尹思貞 1/7/198

　　　 2/76/1044

　　　 2/81/1137

　　　 3/104/1410

　　　 3/112/1501

尹 頊 3/153/2112

尹 耀 3/130/1726

尹元徽 3/124/1631

尹正義 2/56/746

　　　 2/59/807

　　　 3/100/1360

　　　 3/142/1929

　　　 4/166/2325

尹中庸 1/13/268

　　　 3/110/1482

尹子産 4/174/2421

尹子奇 2/55/724

【英】

英 瑜? 3/144/1972

【榮】

榮陽公 5/222/2860

榮陽公? 3/138/1818

【應】

應智育(應智頊)

　　　 4/163/2274

　　　 5/附/3357

【雍】

雍 某 4/193/2550

雍 陶 5/235/2966

　　　 5/238/2989

雍希顏 1/52/653

【尤】

尤知欽 3/147/2018

　　　 4/192/2537

【游】

游 符 4/200/2637

游 邵 1/54/706

【于】

于安仁 4/158/2212

于 敖 4/156/2155

　　　 4/204/2678

于抱誠 1/28/411

1/35/443

于伯獻　1/39/464

于昌潤　4/210/2746

于承範（于尚範）
　　　　3/120/1578

于承素　1/5/140

于　琮　4/165/2319

　　　　4/189/2508

　　　　4/189/2509

　　　　5/258/3080

于　達　5/290/3187

于大猷　4/192/2538

于　當　4/162/2272

于德方　1/14/284

于德方（于德芳）
　　　　3/142/1925

于德芳　1/15/290

于德晦　1/4/133

　　　　3/141/1919

　　　　3/148/2048

于德孫　4/164/2306

于德行　3/106/1431

于德秀　1/12/253

　　　　5/附/3280

于　頔　1/51/623

　　　　2/58/794

　　　　3/139/1851

　　　　3/140/1882

　　　　4/189/2498

于　盾　5/234/2961

于復業　4/192/2537

于光嗣　2/65/914

于光遠　4/210/2743

　　　　5/232/2946

于光運　3/125/1649

于　璥　4/163/2286

　　　　4/166/2342

于　晦　5/287/3168

于季友　2/56/756

　　　　2/80/1126

　　　　3/126/1667

　　　　3/143/1955

于敬之　4/194/2557

于　筠　1/51/605

于　恪　5/280/3159

于立政　2/58/783

　　　　4/219/2802

于敏直　3/100/1358

　　　　3/110/1479

　　　　3/140/1869

于　某　3/155/2135

　　　　4/199/2628

于　頎　1/1/31

　　　　1/1/34

　　　　1/49/582

　　　　1/53/675

于欽明　5/附/3281

于人文（于人聞）

3/131/1734

于 邵 3/141/1911

4/170/2383

4/214/2770

5/229/2919

于 邵? 1/32/432

于慎思 4/212/2759

于士俊 1/10/236

3/104/1409

3/114/1527

于思晦 5/279/3158

于遂古 2/83/1162

于 濤 2/65/921

3/148/2050

于仙鼎 2/85/1189

于興宗 4/209/2738

5/227/2902

于休烈 1/8/220

于宣道 1/39/456

于玄徹 3/109/1464

于 珝(于涓)

2/76/1057

于延陵 3/152/2107

于義固 1/42/480

于尹躬(于允躬)

4/209/2736

于永寧 4/204/2668

于幼卿 3/142/1932

4/159/2220

于昭理 3/139/1843

于 哲 2/63/870

于知微 2/69/971

3/106/1432

3/123/1607

3/138/1813

4/164/2293

4/170/2381

4/208/2725

4/216/2781

4/217/2789

于知微(于辯機)

2/80/1115

于志寧 1/1/5

1/3/68

1/5/141

2/79/1077

5/234/2958

【俞】

俞法才 3/144/1962

【魚】

魚孟威 4/175/2446

5/275/3146

【虞】

虞藏儉 5/243/3007

虞 當 3/136/1779

虞　鼎　4/159/2229

虞　涣　3/153/2113

虞　戀　5/264/3101

虞　玫　4/158/2212

虞　韶　3/152/2097

虞　遜　3/136/1776

　　　　5/235/2963

【宇】

宇文瑛　2/61/849

宇文得照　1/4/107

宇文鼎　1/3/90

　　　　5/259/3084

宇文定及　3/110/1478

宇文懷志　4/209/2733

宇文寬　3/102/1389

宇文臨　4/194/2562

宇文邈　4/174/2425

宇文某　1/18/320

　　　　4/156/2145

　　　　5/264/3100

宇文仁簡　1/16/302

宇文融　1/54/691

　　　　2/55/718

　　　　3/98/1332

宇文審　3/126/1662

　　　　4/171/2392

宇文士及　1/4/103

　　　　1/39/454

　　　　2/79/1077

宇文適　3/128/1688

宇文守直　3/126/1669

宇文宿　4/173/2411

　　　　4/196/2604

宇文歆　5/附/3280

宇文炫　4/167/2353

宇文有意　2/69/971

宇文準　4/178/2459

【庚】

庚承宣　1/2/47

　　　　1/51/626

　　　　2/66/934

　　　　2/69/980

庚　崇　1/4/133

　　　　5/附/3353

庚道蔚　4/169/2377

庚光先　4/195/2579

庚　何　4/174/2424

　　　　5/224/2872

庚簡休　2/58/801

庚　伾　4/211/2753

庚　倢　2/56/755

庚　威　3/140/1887

　　　　4/162/2269

庚　準　1/54/696

　　　　4/195/2583

【喻】

喻士珍　5/246/3019

【尉遲】

尉遲瓌　5/237/2978
尉遲敬德　1/4/104
　　　　　1/16/301
　　　　　1/18/318
　　　　　4/156/2139
　　　　　4/189/2482
尉遲敬德(尉遲恭)
　　　　　1/7/195
尉遲銳　5/223/2865
　　　　5/250/3031
尉遲嚴　3/146/2005
尉遲宗　5/247/3022

【元】

元白澤　3/110/1477
　　　　4/205/2686
　　　　4/208/2722
元寶藏　3/98/1323
元寶琳　1/17/314
元　察　5/237/2980
元成壽　2/76/1041
元　澄　4/167/2354
　　　　4/169/2374
　　　　5/230/2936

元　持　4/165/2314
元　純　5/237/2977
元慈政　5/237/2976
元　從　3/130/1714
元　鼎　4/187/2477
元敦義　5/260/3089
元　俯　2/56/754
元　亘　3/124/1635
　　　　3/142/1936
　　　　4/156/2149
元谷神　5/249/3028
元　瓘　4/169/2371
元　瓘(元權)
　　　　3/129/1699
元　瓌　1/52/647
　　　　2/58/791
元　洪　4/159/2226
　　　　4/190/2520
元懷景?　1/48/530
元懷式　2/62/862
　　　　4/160/2233
元　晦　3/142/1942
　　　　3/152/2106
　　　　5/275/3143
元　積　4/203/2661
元季良　5/附/3300
元　寄　3/130/1713
元　㮣　4/195/2573
元將旦　5/附/3311

元　結	4/169/2371
	4/170/2383
	5/300/3204
元　濟	4/192/2537
元　愷	4/210/2745
元客師	2/87/1216
元禮臣	1/22/355
	2/84/1170
元利濟	4/165/2320
元利貞	1/7/214
元　某	2/89/1250
	4/174/2426
元乾直	2/65/910
元　欽	4/195/2599
元全柔	3/141/1910
	4/166/2331
	4/175/2439
元仁觀	3/113/1516
元仁惠	1/39/457
元仁虔	1/37/448
元仁師	4/183/2470
	5/236/2968
元善應	1/4/108
元　韶	1/43/485
	1/52/654
	2/91/1280
	2/95/1306
	3/151/2077
元神霽	2/76/1043

元神力	2/79/1075
元神威	3/141/1899
元師獎	1/31/422
元思齊	1/53/665
元思溫	1/7/198
	1/10/238
元思哲	3/128/1684
元　泰	3/146/2015
元通理	2/61/849
元文豪	5/233/2952
元文俊	4/178/2460
元　雯	1/37/449
元無泒	5/234/2959
元武榮	2/84/1170
元務整	4/209/2732
元希古	2/71/998
元　錫	3/139/1853
	3/145/1994
	3/146/2011
	3/151/2087
	4/156/2153
	4/156/2153
	4/212/2758
元孝綽	5/229/2915
元孝節	3/134/1755
元　偕	4/199/2626
元行冲	3/104/1411
元行冲（元澹）	
	1/5/145

　　　　　1/51/613
元修義　3/144/1962
元　琇　5/257/3058
　　　　　5/300/3206
元虚受　4/173/2415
元　萁　3/141/1914
　　　　　4/159/2226
元玄敬　4/189/2486
元延壽　2/64/889
　　　　　3/147/2020
元彦冲　1/6/172
　　　　　2/55/722
　　　　　3/101/1376
　　　　　3/142/1931
　　　　　4/189/2489
　　　　　4/190/2517
元　液　1/52/651
元義端　3/98/1326
　　　　　3/113/1517
　　　　　4/191/2527
元義方　1/2/42
　　　　　1/7/204
　　　　　2/58/795
　　　　　3/151/2086
　　　　　4/204/2676
元義全　4/214/2766
元　誼　3/103/1400
　　　　　3/104/1417
　　　　　4/159/2224

元　膺　5/246/3016
元　邕　4/158/2197
元　佑　4/209/2737
元允殖　3/126/1662
元　載　1/1/26
　　　　　1/45/501
　　　　　3/141/1907
　　　　　4/157/2174
元　湛　1/49/582
　　　　　4/167/2352
元　哲　4/211/2751
元　震　1/53/665
元　積　1/4/126
　　　　　3/142/1940
　　　　　4/164/2303
　　　　　4/210/2747
元　直　4/186/2475
元志儉　3/139/1867
元仲宣　4/217/2788
元自虚　3/154/2125

【垣】

垣　澔　3/109/1463

【爰】

爰　慶　3/152/2108

【袁】

袁處弘　3/128/1682

袁　從　3/144/1981

袁德仁　3/151/2079

　　　　4/169/2371

袁奉韜(袁奉滔)

　　　　5/附/3324

袁　幹　5/266/3106

袁　高　3/140/1881

袁公瑜　1/47/513

袁光孚?　3/144/1971

袁光輔　3/136/1779

袁光庭　1/44/496

袁　皓　4/162/2271

袁　皓?　4/160/2243

袁誨己　2/86/1195

袁嘉祚　1/19/339

　　　　4/211/2752

袁建康　2/60/834

袁　郊　2/58/802

袁匡符　4/218/2800

袁履謙　3/106/1436

袁　某　4/156/2165

袁仁敬(袁從禮)

　　　　3/141/1903

袁士政　4/186/2474

袁恕己　2/61/847

　　　　4/193/2548

袁象先　2/56/758

　　　　2/60/841

　　　　3/104/1421

　　　　5/附/3309

袁異度　2/83/1160

袁　誼　3/139/1839

袁　遠　3/152/2108

袁　振　1/22/357

袁知泰　3/98/1337

袁忠臣　2/62/862

袁仲宣　3/144/1971

袁重光　5/238/2988

袁　滋　1/3/81

　　　　2/57/771

　　　　4/160/2240

　　　　4/162/2266

　　　　4/166/2335

　　　　4/189/2500

　　　　4/191/2532

　　　　4/195/2586

　　　　5/222/2849

袁子幹　3/104/1407

【員】

員半千　1/51/613

　　　　3/111/1490

　　　　3/127/1672

　　　　3/131/1729

員嘉靖　5/275/3131

員虔嵩　5/235/2966

員　錫　3/142/1934

【源】

源　復　1/3/74
　　　　2/64/892
　　　　2/87/1219
　　　　3/107/1452
源　杲　4/192/2538
源光乘　1/4/115
　　　　1/54/693
　　　　2/60/833
　　　　2/74/1027
　　　　2/80/1119
　　　　3/129/1698
源光時　2/68/962
源光裕(源光俗)
　　　　1/53/668
源光譽　1/1/21
源　恒　3/107/1453
源　寂　3/154/2126
源匡度　2/80/1115
　　　　3/134/1757
源匡友　1/53/667
源乾曜　1/1/16
　　　　4/205/2691
源　洧　1/53/672
　　　　4/189/2492
　　　　4/195/2579
源　休　1/1/33
　　　　4/166/2327

源修業　1/13/265
　　　　3/100/1359
源敩幹(源敷翰)
　　　　4/161/2248
源　重　2/80/1128
　　　　3/140/1891

【苑】

苑君璋　2/83/1160
　　　　3/135/1764
苑師本　2/81/1136
苑　咸　3/125/1650

【雲】

雲弘嗣　1/5/142
雲弘業　1/54/688
雲弘胤(雲弘嗣、雲弘允)
　　　　2/84/1172
雲弘胤(雲弘嗣、雲洪嗣)
　　　　1/53/666
　　　　3/140/1870
雲　遂　3/153/2112
雲　盈　3/153/2112

【昝】

昝　斌　1/46/504
　　　　5/246/3016
昝敬本　2/97/1314
　　　　4/182/2468

沓慎交　3/153/2113

【臧】

臧　操　5/附/3362

臧崇亮　3/136/1776

　　　　4/160/2234

臧方直　1/26/391

　　　　2/80/1119

臧奉忠　5/附/3285

臧懷恪　1/26/389

　　　　3/98/1334

臧懷亮　1/18/321

　　　　1/24/368

　　　　1/25/373

　　　　1/26/388

　　　　1/31/423

　　　　1/34/437

　　　　3/121/1588

　　　　3/122/1594

臧懷義　1/22/356

　　　　1/26/388

臧　渙　5/258/3078

臧敬廉　1/24/369

臧君相　2/72/1002

臧　某　2/69/982

臧讓之　1/32/433

臧善安　1/22/355

　　　　1/26/387

臧善德　1/21/349

臧希讓　1/6/174

　　　　1/8/221

　　　　4/205/2696

臧希晏　1/11/248

　　　　1/12/259

　　　　5/附/3281

臧希逸　3/120/1579

臧希莊　1/21/350

　　　　1/26/390

　　　　3/115/1535

臧彦雄　5/241/3001

臧　瑜　3/111/1491

臧　瑀　2/82/1155

【曾】

曾崇穎　2/81/1143

曾　袞　5/258/3081

　　　　5/310/3242

曾　某　2/70/995

曾叔政　1/15/295

曾　徒　4/158/2211

曾孝安　1/19/343

曾元裕　2/76/1057

【翟】

翟　濟　2/70/992

翟良佐　2/56/754

翟義方　1/23/363

翟　璋　2/57/765

【詹】

詹　端　4/159/2230

【湛】

湛　賁　3/138/1828

【章】

章仇兼瓊　5/222/2842
章仇政　2/77/1066
章　及　5/265/3105
章　亮　3/147/2019
章　潒　5/287/3168
章　珽　4/216/2781
章　彝　5/229/2917
章志檢　4/215/2778
章仔鈞　5/270/3117

【張】

張　齊　3/141/1904
張　嶠　3/114/1532
　　　　3/115/1537
張安封　1/54/705
張　翶（張敖）
　　　　3/130/1724
張寶德　5/275/3127
張寶相　1/18/318
張　弼（張玄弼）
　　　　2/91/1274

4/161/2245
張伯儀　3/141/1909
　　　　3/147/2026
　　　　4/195/2584
　　　　5/310/3233
張伯儀（張伯義）
　　　　5/257/3057
張伯元　3/133/1750
張　搏　3/129/1706
　　　　3/139/1862
　　　　3/140/1893
　　　　4/169/2378
張　才　1/43/486
張　採　5/321/3258
張　策　3/132/1740
張　蟾　3/111/1494
張昌期　1/5/143
　　　　1/54/689
　　　　2/55/715
張長貴　2/87/1214
張長遜　1/22/353
張長遜　1/19/338
　　　　4/200/2630
　　　　5/230/2930
張　澈　1/4/136
張臣合　1/19/338
　　　　1/40/470
　　　　1/42/480
　　　　3/151/2078

288

	4/173/2408		5/231/2941
張　俁	3/153/2119	張大禮	1/8/217
張承奉	1/43/492	張大師	1/3/68
張承簡	5/238/2990	張待賓	1/45/501
張承慶	3/151/2079	張待問	2/92/1288
張承訓	3/99/1349	張　丹	5/314/3249
張　崇	3/129/1708	張丹元	3/139/1849
	3/138/1834	張　澹（張惟清）	
張崇暉	2/65/915		4/163/2279
	3/147/2026	張道昇	1/15/295
張崇基	1/10/234	張道晏	5/附/3329
	4/192/2537	張道一	2/64/889
張　楚	4/163/2277	張道源	3/105/1422
張楚賓（張賓）			5/227/2892
	1/44/496	張道源（張河）	
張　綽	3/146/2001		3/100/1354
張次宗	3/128/1690	張德亮	1/5/138
	3/143/1957	張德翁	4/199/2627
	4/174/2428	張德言	5/250/3029
張從訓	5/290/3185	張德政	2/66/923
張　琮	3/147/2017	張　登	3/155/2131
	3/153/2112	張　覿	4/167/2358
	4/163/2286	張定斌	3/121/1586
張　叢?	5/275/3147	張　鐸	5/271/3119
張　存	2/58/802	張　鐸（張擇）	
張存敬	2/56/758		3/138/1829
	2/62/868	張　鄂	2/88/1233
	2/79/1108	張　發	1/5/139
張大安	3/147/2019	張　瑤	3/112/1509

張　鐇（張鐺）
　　　　1/13/280
張　朏　3/147/2025
　　　　4/160/2235
　　　　4/171/2391
　　　　4/219/2804
　　　　4/221/2816
張　諷　4/200/2637
張奉國　1/25/378
張　浮　3/153/2118
張　綱　3/141/1912
張　皋　5/附/3330
張　鎬　2/55/724
　　　　4/157/2175
　　　　4/160/2235
　　　　4/195/2581
張公度　3/130/1716
張公謹　1/12/253
　　　　2/91/1274
　　　　4/189/2482
　　　　5/附/3276
張公儒　3/147/2032
張公素　3/116/1560
　　　　3/120/1581
張　固　5/275/3145
張光奇　4/189/2495
　　　　5/275/3133
張光晟　1/25/377
　　　　2/91/1279

張　珪　1/52/644
張歸霸　2/68/968
　　　　2/77/1065
　　　　3/103/1405
張歸弁　2/73/1022
　　　　2/81/1151
*張歸弁　5/314/3250
張歸厚　2/80/1131
　　　　2/81/1150
　　　　3/104/1421
張　瓌　1/40/473
　　　　2/82/1158
　　　　3/103/1405
　　　　4/194/2563
　　　　4/195/2596
張　貴　5/222/2824
張　袞　2/58/791
張漢瑜　2/81/1150
　　　　2/85/1191
　　　　5/附/3296
張　合　5/附/3275
張合戀　2/64/890
　　　　3/142/1928
張弘靖　1/51/624
　　　　2/55/731
　　　　2/79/1097
　　　　2/90/1260
　　　　3/116/1556
　　　　4/160/2240

	4/162/2268	
張　翃	4/168/2364	
張後胤（張後嗣、張後裔）		
	3/147/2018	
張淮深	1/43/491	
張懷禮	3/126/1660	
	4/194/2558	
張懷肅	3/128/1684	
張歡用	3/109/1475	
張　暉	3/152/2098	
張　撝	5/265/3103	
	5/276/3150	
張　惠	3/150/2075	
張惠安	5/239/2994	
張彙征	3/147/2029	
張　渾	4/171/2397	
	5/238/2988	
張　極	3/147/2036	
張旡逸	3/139/1861	
張　蒺	5/224/2872	
張　濟	2/76/1044	
	4/163/2289	
張繼本	2/65/911	
張嘉言	4/158/2195	
張嘉祐	2/93/1295	
	3/100/1364	
張嘉貞	1/6/171	
	1/27/401	
	2/89/1246	

	3/112/1503	
	3/144/1968	
	4/205/2691	
	5/222/2838	
張　賈	2/69/981	
	3/146/2012	
張　縑	5/230/2936	
張柬之	4/189/2486	
	4/195/2572	
	4/218/2796	
	5/225/2877	
張　戬	4/158/2196	
張　儉	1/24/366	
	2/91/1274	
	2/96/1309	
	3/121/1584	
張簡會	3/116/1560	
張建封	2/64/896	
	3/130/1716	
	4/165/2314	
張建章	3/119/1576	
張　漸	3/147/2025	
	4/159/2219	
張　諫	1/53/684	
	2/65/922	
	3/124/1644	
張　絳	3/116/1558	
張　捷	5/263/3097	
張介然	2/55/723	

張金樹　3/117/1564

張　經　1/9/231

　　　　2/96/1312

　　　　5/239/2993

張景洪　5/附/3300

張景昇（張景升）

　　　　2/57/764

張景順　1/27/401

張景佽（張景倩）

　　　　4/160/2234

張景遵　1/19/340

　　　　3/140/1875

　　　　4/200/2632

張敬因　3/126/1664

張敬輿　1/53/671

張敬則（張昌）

　　　　1/5/155

張敬之　3/130/1712

　　　　5/223/2861

張敬忠　1/39/461

　　　　1/49/573

　　　　3/121/1587

　　　　5/222/2839

　　　　5/222/2840

張敬周　5/237/2982

張　静　2/84/1183

張九皋　2/56/750

　　　　2/64/892

　　　　4/189/2491

4/191/2529

4/203/2658

5/257/3053

張九齡　3/107/1450

　　　　4/157/2172

　　　　4/195/2578

　　　　5/275/3132

張九章　2/68/962

　　　　3/143/1949

　　　　3/150/2068

　　　　4/162/2261

　　　　4/196/2602

張九宗　4/180/2464

　　　　5/230/2937

　　　　5/244/3010

張居緒　3/152/2107

張　莒　4/190/2520

張巨濟　2/61/860

張　據　3/107/1451

張　均　3/139/1840

　　　　3/152/2100

　　　　4/159/2219

張君平　4/175/2449

張君緒　1/6/184

　　　　1/11/250

張　鈞　1/13/280

張　筠　5/附/3308

張　濬　2/90/1271

　　　　4/164/2308

		4/169/2377	張茂昭	2/79/1097
		4/221/2818	張茂昭（張昇雲）	
		5/286/3166		3/112/1507
張　揩	3/137/1787		張茂宗	2/69/980
張堪貢	2/60/836			2/69/980
張　珂	1/13/280		張　蒙	3/125/1653
張克茂	3/125/1649			5/258/3078
張　恪	1/12/255		張　蒙（張濛）	
張　禮	2/93/1294			4/159/2227
張利貞	2/55/720		張　謐	3/120/1579
張　璉	1/13/280		張　勔	4/158/2202
張　亮	1/6/168			5/310/3235
	1/7/194		張　薈	4/160/2244
	1/16/300		張　某	1/34/438
	1/49/559			1/52/661
	1/52/638			2/68/960
	1/53/663			3/119/1574
	2/83/1160			3/138/1835
	3/100/1356			3/144/1983
	4/174/2419			3/148/2042
張　遼	3/135/1769			4/156/2146
張　烈	3/114/1531			4/159/2218
張　琳	5/226/2891			4/173/2416
	5/230/2938			4/181/2467
	5/237/2983			4/205/2686
張　麟	1/7/201			4/205/2693
張令暉	2/63/878			5/229/2914
張　鷺	5/275/3144			5/236/2971
張　綸	2/89/1235			5/275/3135

5/275/3148

5/附/3346

5/附/3355

張南容 3/112/1506

張訥之 3/110/1480

3/138/1814

張 滂 4/163/2282

張 沛 1/4/109

2/73/1015

張彭老 3/105/1427

張 鵬 5/290/3184

5/326/3266

張 伾 2/65/916

張 平 4/169/2374

4/218/2799

張平高(張崇)

1/9/228

張平叔 1/2/45

4/204/2677

4/210/2748

張評士 5/236/2973

張栖貞(裴栖貞)

4/159/2217

張 琪 2/81/1151

張 琦 1/48/531

張齊丘 1/18/324

1/48/534

2/68/962

張 蘄 4/210/2749

張 屺 3/129/1704

張 綺 5/278/3157

張 洽 2/67/947

2/76/1045

3/98/1331

3/140/1872

張栖巖 3/120/1579

張栖貞 1/54/691

張 謙 2/76/1041

張虔陀 5/245/3012

5/246/3018

張 潛 3/98/1329

3/123/1607

張 勍 5/226/2891

張慶初 3/115/1537

張去奢 1/1/18

2/85/1189

4/193/2549

張 全 5/222/2860

張全義 1/48/557

1/50/603

1/52/661

2/66/943

5/附/3293

5/附/3295

張全義(張言)

1/48/556

1/50/602

2/87/1227

張　勸　1/51/621
張仁楚　1/35/443
　　　　1/47/515
　　　　5/附/3283
張仁愿（張仁亶）
　　　　1/49/569
　　　　2/89/1243
　　　　3/116/1544
張　任　2/92/1290
張日昌　2/69/977
張　蕤　2/56/758
張叡册　5/259/3082
張善安　4/157/2167
張善相　1/54/686
張少師　2/58/787
張少逸　5/324/3262
張紹光　5/附/3308
張紹貞　5/222/2841
張　涉　2/55/715
張　詵　3/144/1967
張審素　5/246/3017
張慎思　1/54/707
　　　　2/63/884
　　　　2/64/908
張昇璘　2/72/1006
張師質　4/168/2367
張士貴　1/16/301
　　　　1/30/417
　　　　2/58/782

3/104/1408
3/116/1540
3/123/1602
4/210/2742
5/241/3000
5/275/3127
張士階　2/73/1020
張士階（張仕偕）
　　　　3/140/1886
張士陵　4/161/2252
　　　　5/290/3179
張士平　3/130/1718
張士儒　3/108/1457
張　式　1/49/585
　　　　2/58/794
張守珪　1/31/425
　　　　1/42/482
　　　　3/116/1550
　　　　3/121/1589
　　　　3/149/2056
張守潔　1/27/401
　　　　4/205/2691
　　　　5/222/2839
張守讓　1/13/264
張守信　3/141/1905
　　　　3/142/1932
張　壽　5/257/3073
張　署　4/161/2252
　　　　4/174/2426

張　述　2/87/1227
　　　　4/163/2285
張　爽　5/231/2944
張　浼　1/4/114
　　　　1/27/402
　　　　3/142/1931
　　　　4/167/2349
張　説　1/1/14
　　　　1/1/14
　　　　1/48/529
　　　　2/89/1247
　　　　3/100/1361
　　　　3/116/1547
　　　　4/165/2311
　　　　4/195/2574
張思鼎　4/191/2529
張思欽　3/146/2005
張思義　3/144/1966
張　宿　3/127/1677
張　璲（張遂）
　　　　3/127/1680
張　絢　4/197/2612
張　禓　1/2/59
　　　　1/3/96
　　　　2/66/940
　　　　2/81/1148
張　覘　4/158/2203
　　　　4/162/2265
張廷範　1/50/603

　　　　2/56/758
　　　　2/64/906
張廷珪（張庭珪）
　　　　1/4/113
　　　　2/55/717
　　　　2/56/748
　　　　2/62/863
　　　　3/98/1331
　　　　3/136/1777
　　　　3/139/1840
　　　　4/157/2171
　　　　4/159/2218
張庭光　3/113/1522
張　頌　2/74/1030
張通儒　3/116/1553
張通晤　2/56/751
張通幽　5/228/2907
張　同　4/204/2681
　　　　5/300/3213
張萬福　2/65/916
　　　　3/112/1498
　　　　3/126/1662
　　　　3/127/1674
　　　　3/127/1676
　　　　3/128/1686
　　　　3/128/1686
　　　　3/129/1700
　　　　3/130/1714
張萬頃　1/49/578

張　刺史姓名索引

3/112/1505
5/257/3054
張萬頃（張方須）
　　　　2/67/950
張　威　3/132/1739
張惟汎（張元汎）
　　　　3/115/1537
張惟儉　3/126/1664
張惟清　1/13/275
張惟清（張維清）
　　　　1/25/380
張惟素　1/3/84
張惟一　1/3/76
　　　　4/195/2580
張維南　5/288/3169
張偉度　2/66/924
張　暐　1/1/15
張緯之　3/124/1635
　　　　3/130/1715
張　謂　4/166/2328
張溫其　2/80/1128
張文琮　2/63/871
　　　　3/152/2098
　　　　4/194/2556
張文感　5/222/2832
張文規　2/58/800
　　　　3/135/1772
　　　　3/140/1888
　　　　5/275/3145

張文翰（張文幹）
　　　　4/160/2233
張文會　2/75/1034
張文韜　2/66/929
張　汶　5/附/3323
張翁喜　2/60/830
張無息　5/225/2883
張無擇　3/126/1661
張　武　4/201/2643
張武均　4/209/2738
張　忞　4/163/2282
張　錫　1/48/528
　　　　2/80/1116
　　　　3/149/2062
　　　　4/158/2203
　　　　4/162/2267
張　銑　1/42/483
張　暹　5/244/3009
張獻弼　4/201/2641
　　　　4/202/2648
張獻誠　2/55/726
　　　　3/112/1505
　　　　3/118/1571
　　　　4/205/2696
　　　　5/229/2917
張獻甫　1/6/177
張獻恭　1/48/540
　　　　4/205/2696
　　　　5/300/3206

張獻節　2/97/1317

張獻直　3/99/1351

張　詳　3/147/2019

張孝開　2/79/1081

張孝嵩　1/43/488

　　　　2/89/1248

張孝嵩？　1/46/507

張孝嵩（張嵩）

　　　　1/47/517

張孝忠　3/106/1438

　　　　3/112/1507

　　　　3/113/1521

張　昕　1/6/177

張　信　4/214/2772

張行恭　2/80/1130

　　　　2/81/1149

　　　　3/120/1581

張行周　3/138/1832

張　雄　3/124/1643

　　　　3/139/1864

　　　　4/195/2571

　　　　5/附/3336

張　雄（周雄）

　　　　4/217/2794

張　休　1/1/23

　　　　3/127/1674

　　　　3/128/1685

　　　　3/137/1793

　　　　4/157/2175

　　　　5/257/3055

張　秀　3/118/1571

張　頊　5/223/2866

張　煦　1/16/307

　　　　1/22/358

　　　　1/25/379

張　緒　2/89/1238

　　　　5/222/2828

張　萱　4/220/2809

張玄（愛）

　　　　2/96/1310

張玄表　1/46/506

張玄稔　2/64/904

張玄素　4/190/2512

　　　　5/260/3086

張玄遇　5/300/3203

張　鉉　3/138/1813

張　訓　2/71/1001

　　　　3/138/1833

張　遜　3/131/1733

　　　　4/210/2747

　　　　5/276/3151

張　遜（張遜）

　　　　3/155/2131

張延誠　1/10/241

張延賞　1/48/539

　　　　1/49/581

　　　　3/123/1618

　　　　4/195/2583

　　　　　5/222/2848

張　炎　5/235/2966

張　嚴　3/138/1822

　　　　　5/附/3350

張　彦　4/202/2653

　　　　　5/235/2963

張彦遠　3/128/1691

張彦昭　5/228/2911

張　禕?　4/214/2773

張　怡　1/8/225

　　　　　3/155/2133

張　倚　2/60/833

張　顗　3/147/2031

張　義　1/16/302

張義潮　1/43/490

張義方　3/103/1396

　　　　　3/139/1845

張義府　3/124/1643

張義潭（張議潭）

　　　　　1/43/491

張毅夫　1/2/57

　　　　　4/157/2187

　　　　　4/164/2306

張　鎰　1/5/154

　　　　　2/55/728

　　　　　2/79/1093

　　　　　3/127/1675

　　　　　3/130/1716

　　　　　4/157/2177

張議福　2/92/1288

張　懿　3/114/1532

張　茵　5/290/3184

　　　　　5/300/3212

　　　　　5/310/3241

張　殷　1/54/686

張　愔　2/64/897

張隱之　3/152/2099

張　胤　2/76/1051

張　應　5/附/3304

張　應（張庭）

　　　　　4/162/2263

　　　　　5/310/3233

張　友　5/附/3308

張有德（張德政?）

　　　　　3/139/1837

張又新　3/133/1751

　　　　　3/150/2072

　　　　　3/154/2127

　　　　　4/158/2206

張　宥　1/3/74

　　　　　3/123/1616

張　宥（張寬）

　　　　　5/222/2842

張　禺　1/52/649

　　　　　2/87/1221

張　愉　4/165/2316

張禹謨　5/275/3147

張　聿　3/140/1885

	3/146/2012
	3/147/2032
	3/152/2104
	5/附/3304
張　郁	3/138/1831
張　彧	1/1/34
	5/228/2908
張　裕	3/148/2049
張元夫	1/54/702
張元瞿	3/144/1966
張元益	2/91/1282
	3/112/1509
張　圓	2/80/1124
張　愿	2/68/962
	2/71/998
	3/106/1435
	3/139/1843
	3/144/1970
	3/145/1991
	3/147/2024
	4/189/2492
張約通	2/68/956
張允恭	1/30/418
	1/31/422
張允濟	3/116/1539
張允千	3/118/1572
張允伸	3/116/1560
張允中	3/119/1576
張蘊琦	1/6/174

張　造	4/201/2643
	5/235/2966
	5/241/3003
張昭命	3/147/2021
張　沼	4/175/2444
張　震	4/157/2172
張鎮周	3/130/1709
張鎮周（張鎮州）	
	3/128/1682
	3/128/1682
張正甫	1/4/126
	1/50/589
	3/139/1853
	4/166/2335
	4/190/2521
張正元	5/290/3177
張之輔	3/105/1424
張知謇	1/3/71
	1/4/111
	1/10/236
	1/49/569
	2/81/1137
	3/102/1385
	3/104/1410
	3/110/1479
	3/112/1501
	3/126/1659
	3/128/1684
	4/156/2141

	4/197/2609
	5/附/3274
張知久	4/157/2170
張知亮	4/160/2233
張知泰	2/89/1244
	3/98/1329
	5/222/2833
張知運	1/25/373
	1/26/389
張直方	3/116/1559
	5/280/3159
張直方？	5/275/3147
張　植	3/121/1583
張　植（張直）	
	3/130/1720
張志昂	3/105/1422
張志亮	1/31/425
張　贄	4/212/2759
張仲斌	3/119/1576
張仲方	1/2/50
	1/3/90
	1/53/678
	2/68/964
	3/151/2089
	4/194/2561
	4/203/2661
張仲阮	1/24/371
張仲武	3/116/1559
張仲至	5/附/3330

張重光（張仲光）	
	1/3/77
張重暉	4/167/2348
張　舟	5/310/3235
張　洙	1/15/297
張自勉	2/62/868
張宗厚	5/附/3294
張祖令	4/180/2463
張祖政	3/141/1898
張　遵	2/63/880
	3/103/1401
	3/104/1418
	3/124/1638
	5/290/3180

【長孫】

長孫操	1/5/139
	1/51/606
	1/51/608
	2/73/1012
	3/104/1408
	3/123/1602
	5/222/2827
	5/附/3315
長孫敞	2/55/711
	4/214/2766
	5/附/3303
長孫公輔	4/162/2265
長孫洪	5/231/2940

長孫渙 3/133/1747

長孫會 3/152/2102

長孫濬 3/138/1812

長孫龜 4/197/2607

長孫某 4/158/2205

長孫淇(長孫清)

　　　2/81/1134

長孫全緒 1/11/248

　　　2/56/752

　　　5/300/3205

長孫全緒(公孫綽)

　　　3/148/2043

長孫淑(長孫潚)

　　　1/28/411

長孫順德 2/87/1214

長孫無忌 2/59/804

　　　3/105/1423

* 長孫無忌 3/123/1602

長孫憲 3/110/1479

長孫祥 1/1/7

　　　3/138/1812

　　　4/195/2567

長孫勖 2/84/1177

長孫訓 1/11/252

長孫曄(長孫曦)

　　　3/134/1756

長孫義莊 3/103/1393

　　　4/195/2567

長孫誼 3/147/2019

長孫有鄰 3/126/1669

長孫元翼 4/156/2142

長孫愷 1/6/178

長孫湛 3/153/2116

　　　4/189/2484

長孫昭 4/193/2547

長孫知仁 4/220/2807

【趙】

趙本質 2/65/910

趙 昌 1/3/83

　　　3/153/2115

　　　4/161/2250

　　　4/195/2585

　　　5/257/3060

　　　5/310/3234

　　　5/310/3234

趙 昶 2/60/840

趙 理 4/168/2362

趙 憕 5/250/3030

趙持滿 1/39/456

趙崇道 4/190/2513

趙崇嗣 4/204/2669

趙崇孝 4/190/2513

趙 寵 2/75/1033

　　　3/106/1430

趙 雟 2/60/839

* 趙 雟 2/61/859

4/158/2195

	2/69/986	趙光鋹	4/209/2736
	3/137/1806	趙光裔	1/2/63
趙　詞	3/126/1668	趙　璥	3/112/1498
趙慈皓	4/214/2767		3/130/1711
趙慈景	1/3/67		3/144/1965
趙　泚	2/79/1090		3/149/2054
趙　儋	1/7/207	趙國珍	4/175/2438
	4/208/2728	趙含章	1/46/509
趙道興?	3/123/1605		3/116/1549
趙德諲	3/133/1753	趙　恒	3/143/1951
	4/189/2510	趙弘智	2/77/1060
趙冬曦	1/3/75		3/132/1738
	1/53/671	趙　環	3/152/2098
	2/56/749	趙　璜	3/149/2064
	2/58/790	趙　鍠	4/156/2163
	2/59/811		5/附/3355
	2/63/876	趙惠伯	1/49/582
	2/67/948		2/79/1093
	4/218/2797		2/79/1094
	5/226/2887	趙　傑	3/139/1861
趙　蕃	4/158/2205	趙　節	4/209/2732
	4/163/2285	趙　潔	4/179/2461
	4/191/2533	趙　璀	3/98/1326
趙方海	3/133/1746	趙　憬(趙璟)	
趙奉璋	1/9/231		4/166/2331
趙　旰	1/19/342	趙居貞	2/76/1048
趙　鎬	3/111/1492		3/123/1615
趙　格	5/275/3146		3/139/1842
趙谷旨	4/169/2376	趙　涓	3/146/2008

趙君德　3/102/1381

趙克裕　1/53/683

　　　　2/59/824

　　　　2/63/883

　　　　5/附/3294

趙　匡　4/209/2735

趙匡璠　4/191/2535

趙匡璘(趙琳)

　　　　4/192/2545

趙匡明　4/195/2598

　　　　4/198/2621

　　　　5/230/2939

　　　　5/286/3166

趙匡凝　4/189/2510

　　　　4/191/2534

*趙匡凝　4/195/2598

趙　逵　3/144/1962

趙　撰　4/182/2468

趙良弼　1/3/75

　　　　1/51/618

　　　　3/129/1699

　　　　3/142/1934

　　　　4/160/2235

　　　　4/174/2421

　　　　5/257/3055

趙良金　4/160/2239

　　　　5/290/3178

趙　璘　3/146/2014

　　　　5/223/2866

趙　霖　2/59/825

趙履温　3/113/1518

趙　濛(趙蒙)

　　　　3/140/1892

趙　珉　4/208/2728

　　　　4/217/2791

趙　某　1/39/468

　　　　2/91/1279

　　　　3/145/1993

　　　　3/152/2103

　　　　5/275/3134

趙某或鄭某

　　　　2/59/813

趙　棨　3/153/2119

　　　　5/265/3104

趙謙光　3/124/1631

趙乾之　5/附/3355

趙全穀(趙瑝、趙鍾)

　　　　4/157/2172

趙全亮　4/163/2284

趙全真　5/271/3120

趙　戎　4/190/2525

趙榮國　1/23/363

趙眘微(趙謹徽)

　　　　3/140/1872

　　　　3/153/2111

趙昇卿　1/3/72

趙昇卿(趙升卿)

　　　　3/137/1789

趙師立	2/92/1287	2/56/747
	4/198/2616	2/80/1116
	5/240/2996	2/86/1196
	5/247/3022	4/199/2625
趙士達	1/22/354	趙頤貞　1/46/508
	2/87/1214	1/47/517
趙士宗	5/244/3009	3/146/2004
趙　奭	2/85/1189	趙　寅　4/213/2765
趙思立	1/21/349	趙　隱　1/50/601
趙　邃	1/40/470	3/137/1805
趙　挺	2/94/1301	4/169/2377
趙　通	3/107/1449	趙　邑　4/176/2452
趙文翽	3/121/1586	趙元楷　2/79/1078
趙　武(趙崇)		3/149/2053
	4/175/2449	趙元愷　5/附/3319
趙孝舉	1/53/663	趙元陽　3/125/1652
	2/57/760	趙　悅　3/124/1634
趙行德	1/32/431	4/156/2145
	3/145/1987	趙　載　3/139/1863
	4/158/2194	趙　珍　3/126/1661
	4/172/2401	趙　植　1/53/675
	5/247/3021	5/257/3059
趙　珝	1/4/135	趙　贄　5/324/3263
	2/60/840	趙　騭　1/3/95
	3/127/1681	4/156/2161
*趙　珝	3/149/2065	趙自勤　3/149/2057
趙玄極	2/93/1294	趙宗儒　1/48/543
趙延之	4/218/2798	2/79/1097
趙彥昭	1/39/460	4/195/2586

4/205/2699

趙　縱　1/12/260

3/126/1663

【甄】

甄　粲　1/18/321

甄　亶　5/257/3048

甄　亶(甄道一)

1/16/303

1/16/304

1/19/339

1/30/419

3/116/1546

4/160/2234

甄　某　1/39/468

【鄭】

鄭愛客　3/102/1383

4/201/2640

鄭　珬　1/52/659

4/172/2404

5/234/2961

鄭　賁　2/59/813

鄭邠卿　2/56/746

鄭伯邑　4/203/2659

鄭藏林　5/243/3007

鄭　操　5/234/2960

鄭　册　3/150/2075

鄭昌圖　2/86/1209

鄭長裕　2/59/811

3/139/1842

鄭　朝　4/203/2662

鄭　諶　2/76/1046

2/77/1063

3/124/1633

4/199/2625

鄭承休　3/147/2034

4/217/2794

鄭崇古(鄭崇述)

3/117/1565

鄭　儔　3/144/1968

鄭處冲　2/56/757

鄭處誨　2/55/738

3/137/1804

3/142/1944

鄭　綽　5/227/2901

5/310/3237

鄭慈力　2/61/847

鄭慈明　2/68/960

3/127/1672

鄭慈明?　3/105/1424

鄭從讜　1/48/556

2/55/739

2/90/1268

2/90/1270

5/257/3068

鄭　代　3/137/1794

鄭　儋　2/90/1259

鄭德本　3/107/1446

鄭　諤　3/140/1881
　　　　3/145/1990

鄭　璠?　5/287/3168

鄭　魴　4/158/2206

鄭　放　3/112/1502

鄭福祥　4/191/2526

鄭　甫　3/126/1664
　　　　3/128/1688

鄭　復　1/2/51
　　　　3/124/1639
　　　　5/229/2923

鄭　鋼（鄭綱）
　　　　5/233/2955

鄭公綽　3/153/2122

鄭公遠　4/207/2721

鄭　谷　3/128/1690

鄭　穀　3/128/1686

鄭固忠（鄭越客）
　　　　2/59/807
　　　　2/86/1195
　　　　3/112/1501

鄭　光　1/5/161
　　　　2/76/1054
　　　　2/79/1103

鄭炅之　4/156/2146
　　　　4/168/2363

鄭炅之（鄭桂清）
　　　　3/139/1844

鄭　袞　3/153/2120

鄭　海　5/附/3297

鄭漢卿　3/109/1474

鄭漢璋　2/69/983

鄭　顥　1/50/598

鄭弘禮　1/52/639

鄭　宏　4/163/2278

鄭宏之　1/11/247
　　　　1/16/304
　　　　3/112/1504

鄭　旷　2/64/894
　　　　2/70/992
　　　　2/74/1028
　　　　2/77/1063
　　　　3/125/1650

鄭　華　4/162/2264

鄭懷節　3/101/1370

鄭懷隱　2/73/1023

鄭　潎　1/50/592
　　　　4/205/2703

鄭　彙　4/216/2784

鄭　渾　1/8/223

鄭　濟　2/64/893
　　　　3/147/2025

鄭　賈　4/203/2660

鄭景濟　3/113/1522

鄭　敬　2/58/796
　　　　2/80/1124
　　　　3/155/2132

	5/264/3101	4/194/2561
	5/288/3170	鄭 堯 5/附/3354
鄭凝績	1/15/298	鄭仁弼 3/144/1978
	4/212/2759	3/147/2032
	5/224/2875	鄭仁規 3/140/1893
	5/250/3031	鄭仁愷 2/63/872
鄭 平	4/162/2264	2/71/996
鄭 溥	1/52/647	2/77/1061
	2/69/974	鄭仁泰 1/18/320
	2/76/1045	1/39/456
	3/100/1363	2/91/1276
	3/101/1375	鄭孺復 3/153/2121
	3/103/1397	4/194/2562
	3/116/1549	鄭善果 1/5/138
鄭 縈	3/129/1706	4/158/2193
鄭虔符	2/76/1040	鄭少微 1/5/148
鄭乾觀	1/47/518	鄭紹業 4/195/2595
鄭乾獎	4/195/2569	4/195/2596
鄭倩之	1/3/74	鄭 申 3/144/1978
	3/115/1535	鄭 伸（鄭紳）
鄭 權	1/3/85	3/131/1733
	1/6/180	4/164/2300
	1/50/588	鄭 紳 2/74/1030
	1/50/589	3/155/2133
	1/53/676	4/172/2404
	3/110/1485	4/200/2636
	4/189/2500	鄭 詵 3/107/1453
	5/257/3062	鄭神舉 3/144/1963
鄭 群	3/146/2012	鄭神則 3/101/1376

鄭　審　4/163/2278
鄭審則　3/143/1954
鄭　史　4/171/2398
鄭世斌　2/82/1153
　　　　2/83/1162
鄭式瞻　3/146/2009
鄭叔規　2/80/1122
鄭叔清　1/1/25
　　　　4/200/2633
鄭叔則　1/1/35
　　　　1/48/540
　　　　1/49/583
　　　　3/151/2084
　　　　4/171/2394
　　　　5/附/3342
鄭　蕭　1/51/628
　　　　2/79/1100
　　　　4/189/2505
　　　　4/195/2589
鄭太穆　4/203/2661
鄭　罩　1/2/46
鄭　騰　3/152/2104
鄭体遠（鄭休還）
　　　　4/203/2666
鄭　畋　1/5/165
　　　　2/80/1129
　　　　4/168/2368
　　　　5/278/3157
鄭庭玉　4/194/2558

鄭　蔚　4/171/2399
鄭温琦　1/6/172
鄭文表　4/215/2774
鄭文簡　4/191/2530
鄭文亮　4/219/2803
鄭　湾　4/173/2416
鄭先進　4/221/2816
鄭　閑　2/77/1063
鄭　諴　3/135/1773
　　　　4/190/2524
　　　　4/193/2554
鄭　羨　5/附/3349
鄭　憲　4/157/2187
鄭　祥　4/174/2430
鄭　襄　3/152/2105
　　　　4/192/2544
鄭孝本　1/46/505
　　　　3/102/1384
　　　　3/109/1465
　　　　3/120/1578
鄭孝寬　3/134/1755
鄭　澥　4/211/2755
鄭　訢　4/211/2752
鄭行之　2/63/885
鄭休遠　2/84/1175
　　　　3/142/1930
鄭休遠（鄭休還）
　　　　2/57/763
　　　　3/140/1872

鄭　謞　3/104/1412
鄭　續　5/257/3069
鄭玄昇　3/101/1372
鄭　薰　1/50/597
　　　　3/144/1979
　　　　3/155/2134
　　　　4/156/2159
鄭珣瑜　1/49/585
　　　　4/159/2224
鄭　涯　2/55/737
　　　　3/112/1512
　　　　4/169/2376
　　　　4/189/2507
　　　　4/195/2589
　　　　4/205/2705
鄭　亞　5/259/3084
　　　　5/275/3143
鄭延昌　1/2/62
鄭延休　4/205/2708
　　　　5/附/3292
鄭言思　2/65/922
鄭言約　2/60/827
鄭　嚴　2/80/1119
鄭彥弘　3/140/1891
鄭　繇　1/5/146
　　　　2/60/832
　　　　3/99/1350
　　　　3/140/1874
鄭　杳　2/71/998

　　　　3/145/1990
鄭　液　4/210/2748
鄭　猗　4/160/2241
鄭　倚　2/82/1157
鄭　易　3/154/2126
鄭裔綽　3/142/1945
　　　　4/204/2680
鄭　鎰　3/145/1998
　　　　3/151/2094
鄭　愔　2/55/715
　　　　4/180/2464
鄭　絪　1/4/125
　　　　1/48/545
　　　　5/257/3061
鄭　崟　2/56/752
鄭膺甫　1/52/655
　　　　1/53/677
　　　　3/124/1636
　　　　3/147/2030
鄭　顒　3/128/1691
　　　　3/140/1891
鄭　愚　4/204/2680
　　　　5/257/3068
　　　　5/275/3146
　　　　5/290/3183
鄭餘慶　1/5/157
　　　　1/48/544
　　　　1/50/586
　　　　4/205/2699

鄭羽客 4/210/2746

鄭 毓 3/111/1491

鄭 元 1/2/41

2/79/1096

鄭元規 1/2/64

鄭元久 4/192/2540

鄭元璹 5/241/3000

5/附/3275

鄭遠思 1/53/672

鄭 愿 1/8/219

2/63/876

鄭雲逵 1/2/39

鄭允謨 2/56/758

2/81/1148

3/127/1679

5/224/2874

5/225/2882

鄭再思 2/66/944

鄭 瓚 3/105/1428

3/146/2009

鄭 曾 1/52/645

2/82/1154

鄭 湛 3/103/1394

鄭昭遠 1/8/219

鄭 沼 3/153/2121

鄭正則 4/193/2551

鄭祗德 1/4/131

2/84/1183

3/124/1641

3/142/1944

4/157/2186

鄭 植 4/212/2760

鄭 助 1/6/186

1/16/309

鄭 助(鄭泇)

2/65/919

2/69/983

鄭 注 1/5/159

鄭 著 4/163/2289

鄭 倬 3/146/2005

鄭 孜 3/112/1510

鄭子況 4/165/2311

鄭遵意 1/14/286

3/101/1377

3/113/1521

【支】

支 謨 2/97/1317

支 訥 5/271/3119

5/277/3154

5/288/3171

5/291/3189

支 竦 2/73/1020

2/97/1316

3/103/1402

3/132/1742

5/240/2997

支 詳 2/64/905

【執】

執失思力　4/199/2623

【鍾】

鍾　初　4/162/2272
鍾　傳　4/157/2190
　　　　4/160/2243
　　　　4/163/2287
鍾季文　3/143/1960
鍾嘉群（鍾嘉璧）
　　　　2/81/1151
鍾匡時　4/157/2190
　　　　4/163/2287
鍾離某　4/160/2242
鍾全慕　3/154/2128
鍾紹京　4/185/2473
　　　　4/217/2789
　　　　5/224/2870
　　　　5/225/2878
　　　　5/227/2895
鍾士略　5/262/3092
鍾延規　4/158/2211

【周】

周　褒　4/171/2400
周　寶　1/13/279
　　　　3/137/1806
周　寶（周寶玉）

　　　　3/133/1746
周　玭　4/162/2271
周　賁　1/39/466
周　佖　1/39/466
周　佖（周泌）
　　　　1/31/428
周伯瑜　3/124/1632
周　超　5/附/3274
周　澈　4/190/2520
周　綝　3/116/1559
周承誨（李繼誨）
　　　　5/290/3186
周　墀　1/3/92
　　　　2/57/777
　　　　4/157/2185
　　　　5/229/2924
　　　　5/附/3351
周道務　3/121/1585
　　　　4/204/2668
　　　　5/275/3129
周德權　5/225/2884
　　　　5/226/2890
周德威　2/91/1284
周　鼎　1/43/489
周法猛　4/160/2232
周法明　3/134/1754
　　　　3/135/1762
周　珪　5/283/3162
周　皓　1/10/240

周和舉　4/156/2140
　　　　 4/164/2291
周弘毅　4/213/2761
周　護　1/48/526
　　　　 1/49/561
　　　　 4/175/2435
　　　　 5/附/3321
周懷義　1/22/359
　　　　 1/54/700
周　晃　1/54/697
周　炭　2/59/823
周敬復　1/3/93
　　　　 4/157/2186
周君巢　4/192/2542
　　　　 5/259/3083
周君巢?　5/258/3078
周君謨　5/288/3169
周克構　4/197/2614
周匡物　5/270/3116
周利貞　4/175/2437
　　　　 4/182/2468
　　　　 4/221/2816
　　　　 5/257/3047
周魯賓　3/144/1978
周　某　4/160/2238
　　　　 4/167/2347
　　　　 4/190/2523
周訥言　1/35/444
周彭年　5/225/2879

周仁軌　2/89/1245
　　　　 5/257/3046
周仁廓　4/208/2724
周慎辭（周慎嗣）
　　　　 3/139/1863
周思恭　1/9/229
周　通　3/135/1773
周萬才　4/171/2390
周　庠（周博雅）
　　　　 4/220/2813
　　　　 5/236/2975
周孝諫　5/276/3150
周孝節　3/149/2053
周孝節?　3/150/2068
　　　　 5/236/2968
周　忻　4/168/2369
周行冲　2/78/1067
周行謇　1/8/216
　　　　 1/28/410
周玄珪　1/30/419
周　遜　4/157/2168
周以悌　1/35/443
　　　　 1/38/451
　　　　 1/46/506
周　逸　1/47/520
周　璵　3/117/1567
　　　　 3/120/1580
　　　　 5/附/3330
周　遇　5/232/2949

周元長　3/118/1572

　　　　3/119/1575

周元靜　5/275/3148

周　愿　4/167/2356

　　　　4/194/2561

周　岳　4/166/2344

　　　　4/167/2359

　　　　5/290/3185

周　載　4/220/2811

周擇從　3/140/1875

　　　　4/156/2145

　　　　4/159/2219

周　釗　3/120/1579

周知裕　3/110/1487

　　　　3/117/1568

周智光　1/3/77

　　　　1/4/119

　　　　4/174/2422

周　贄　3/103/1399

　　　　3/104/1415

周仲隱　3/120/1577

　　　　4/191/2526

　　　　4/201/2639

　　　　4/215/2774

　　　　5/238/2985

　　　　5/附/3296

【朱】

朱　敖　3/150/2074

朱　褒　3/150/2074

朱崇節　2/86/1210

　　　　5/附/3294

　　　　5/附/3294

朱崇慶　3/140/1873

　　　　3/145/1990

　　　　4/157/2171

　　　　4/161/2246

　　　　4/196/2601

　　　　4/210/2744

朱　泚　1/5/154

　　　　1/13/270

　　　　3/116/1554

*朱　泚　3/116/1554

朱　誕　3/150/2074

朱道奇　4/207/2718

朱公敏　3/152/2106

朱懷珪　3/119/1575

朱惠表　1/33/434

　　　　4/169/2370

朱　瑾　2/69/985

　　　　3/130/1726

*朱　瑾　2/64/907

朱敬則　1/53/667

　　　　3/129/1697

　　　　4/221/2815

朱克融　3/116/1557

朱　連　5/附/3331

朱　玫　1/6/189

2/81/1149
2/91/1282
朱 某　1/39/468
1/47/520
3/142/1928
4/218/2796
朱 玭　2/73/1022
朱欽道　3/153/2112
朱 瓊　2/73/1022
朱全昱　5/290/3187
5/310/3243
朱全忠　2/57/781
2/59/825
2/79/1108
3/123/1628
*朱全忠　2/66/942
2/66/943
朱全忠(朱溫)
1/3/97
1/4/134
2/55/740
朱紹宗　3/104/1421
朱 實　3/138/1831
5/236/2974
朱叔明　1/18/333
朱叔夜　1/13/275
朱 潭　3/114/1527
朱 塘　5/268/3112
朱 滔　3/116/1554

朱 灣　5/附/3350
朱 威　2/73/1022
朱希彩　3/116/1554
3/120/1580
朱希玉　3/100/1369
朱邪執誼　2/92/1290
朱 鼎　3/98/1344
3/100/1367
3/104/1417
朱 瑄(朱宣)
2/66/942
2/67/955
朱玄泰　3/114/1531
朱延壽　2/61/860
3/130/1725
朱延嗣　3/116/1557
朱用芝　2/72/1009
朱友恭　2/59/824
2/59/825
2/62/868
2/64/907
朱友恭(李彥威)
1/54/706
朱友倫　5/271/3120
5/300/3214
朱友寧　5/280/3159
5/288/3172
5/290/3186
朱友謙(朱簡)

1/51/635

朱友裕 1/3/100

2/59/824

2/59/825

2/61/859

2/66/942

朱 裕 2/67/955

朱載言 5/259/3085

朱 珍 2/74/1032

2/74/1032

朱忠亮（朱士明）

1/13/273

【諸】

諸葛澄 3/127/1675

諸葛德威 3/108/1456

諸葛爽 1/16/311

1/25/384

5/附/3292

諸葛仲方 5/附/3293

【竹】

竹承構 4/156/2144

竹承構（竺承構）

3/129/1698

竹承基 4/157/2173

竹靈倩 5/246/3018

竹文晟 1/28/412

【祝】

祝欽明 3/133/1748

4/157/2171

4/159/2217

【莊】

莊 肅 3/139/1842

【卓】

卓 胤 3/144/1967

【子】

子 剛 4/190/2511

【宗】

宗楚客 1/5/143

1/14/285

1/51/611

宗 回 2/62/867

宗 瓊 3/139/1866

宗 韜 5/223/2867

宗 犀 4/156/2147

【鄒】

鄒保英 3/120/1578

鄒儒立 4/167/2354

鄒 穎 3/155/2131

【祖】

祖德諱　4/160/2233

祖元軏　1/37/447

【左】

左感意　1/36/446

左　某　1/44/496

左難當　4/156/2139

　　　　4/158/2194

　　　　5/240/2995

　　　　5/附/3356

左遊仙　3/142/1924

左　振　4/203/2659

左　振（左震）

　　　　3/134/1758

　　　　4/204/2673

姓氏殘缺者

【□】

□（陸?）爲績

　　　　2/66/925

□　紹　3/137/1789

□元嗣　2/74/1025